U1008138

元认知

吴常——著

台海出版社

目　录

第一部分

世界观

洞悉世界深层驱动力量

法则 1　效率：世界的终极发展方向　002

法则 2　能量：万物的底层驱动力量　008

法则 3　信息：维持世界存在的深层代码　016

法则 4　差异："比特"定义事物的存在　023

法则 5　势能：在能量转换中挖掘机会　028

法则 6　媒介：高效调动能量的基础结构　031

法则 7　熵减：用信息对抗不确定性　038

法则 8　通路：信息与能量的高效转换　046

法则 9　算法：组合旧信息的创新法则　052

第二部分

社 会 观

透析事物间本质关系

法则 10　传播：信息扩散的四大要素　062

法则 11　定位：把握本质的“属加种差”法　069

法则 12　欲望：理解他人行为的基础　073

法则 13　位置：把握信息和能量的聚集点　079

法则 14　连接：挑选好位置的四要素分析法　086

法则 15　量级：用高门槛摆脱竞争者　094

法则 16　结构洞：填补各“圈子”间的空隙　103

法则 17　反馈环：越大就越强，越强就越大　111

法则 18　S 曲线：识别行业的各个发展阶段　119

法则 19　内部平衡：大唐强盛的秘密　127

法则 20　同级平衡：一人之力救一国　133

第三部分

成长观
聚集引爆机会的认知势能

法则 21　行动：将大目标分解成小目标　142

法则 22　工具箱：实现计划的左膀右臂　150

法则 23　神经元：大脑所遵从的赫布定律　156

法则 24　理性：从长远角度看待利益　162

法则 25　基因：先天性影响大脑的因素　168

法则 26　环境：幼年环境影响整个人生　173

法则 27　经验：强化适应力的最佳方法　180

法则 28　自控力：成功者必备因素　187

法则 29　幸福感：持续分泌多巴胺的艺术　194

法则 30　影响力：利用他人实现自己的目标　202

法则 31　说服力：让人认可原本对立的想法　208

法则 32　沟通力：如何规避别人的心理防御　214

法则 33　引爆点：快速成为流量中心　222

法则 34　营销力：激活大脑中多重连接　227

法则 35　直觉：将科学的方法论深度内化　235

法则 36　决策模型：能力提升的高效方法　239

第一部分

世界观

洞悉世界深层驱动力量

○ 法则 1

效率：世界的终极发展方向

不确定的世界却有一个确定的发展方向，这个方向是什么？我们先来看一个故事：

地产大亨老了，便想从三个儿子中挑选一个接班人。挑选的方法是在城郊的住宅区内买三套房子，每个儿子一套，以房产为初始资产发展各自的生意，一年后，谁挣的钱多，谁就是集团的接班人。

老大雷厉风行，迅速卖掉房子，把 500 万元的卖房款全部用来创建了一家网络公司，开始没日没夜地创业；老二思忖再三，也卖掉了房子，把卖房款交给一位投资专家，让他分散投资在股票、基金、债券、黄金等多个市场，希望分散风险，获得稳健收益；老三最懒，什么都没做。

一年以后，老大的网络公司颇有起色，但仍处于烧钱阶段，没有利润，按照规则，他的成绩只能是亏损 500 万；老二精明多了，他的500万卖房款获得了不错的投资回报，赢利100万；老三什么都没做，手里仍然只有一套房子。

地产大亨选了老三做接班人，因为老三的房子现在价值1200万元，纯利润高达700万！

原来，老三接到考题后并没有急于行动，遍访周边地产中介，打听到一个消息：父亲在这个小区里绝不仅仅买了三套房子，而是多达十几套！他想，父亲大手笔投资这个小区必有其道理，自己就算是绞尽脑汁恐怕也赶不上父亲的商业眼光，与其穷折腾，不如跟随父亲的策略。果不其然，10个月后，这个小区接到了拆迁的通知，这里即将兴建大型比赛场馆！这时他才大梦方觉，原来父亲早就预测到了比赛场馆的规划。如今，这个老旧小区的房子价值翻了一番还有余。

一年来，老大最辛苦，付出最多却收获最少；老二最聪明，获得了20%的投资回报；老三无所事事，却收益最多。这个故事告诉我们：一个人想要获得成功，做正确的事远远比正确地做事重要得多。

那么，什么是正确的事呢？

提到经济，我们常常把它等同于一个概念——GDP（国内生产总值），把GDP增长了多少个百分点等同于经济增长了多少个百分点。这样的认识是对的吗？当然不是。我们把现实世界简化一下，就能看出其中的问题。

假设世界上只有10元钱，每年只能生产10个面包，每个面包卖1元钱，那么当年的GDP就是10元。第二年，我们想拉动GDP增长，于是增发了90元钱，但是我们依然只能生产10个面包，于是面包变成了10元钱一个，当年的GDP就是100元，增长了900%。在这个例子中，GDP增长了，钱也多了，经济增长了吗？显然没有，因为我们依然只能生产10个面包。反之，如果我们还是只有10元钱，却能生产20个面包，每个面包卖0.5元，经济增长了吗？没错，经济增长了，因为我们能多吃一倍的面包了。

由此可见，经济增长的本质是效率提升——资源利用的效率。即我们用同样面积的土地可以生产出更多的面包。

回到地产大亨挑选接班人的故事，所谓做正确的事，本质上就是做效率最高的事。何谓“效率”？如何衡量一件事效率的高低？在地产大亨的故事里，老三在固定时间内，以最少的付出获得最大的收获，他做事的效率就最高；在经济增长的例子里，更高的效率指的是，在固定的时间内，以同样多的土地生产了更多的面包。因此，我们可以给效率下一个定义：单位时空所利用的能量以及单位能量所产生的信息。

我们所处的世界由各种事物组成，这些事物本身也在不断变化。有些事物渐渐消失了，有些事物则越来越强大，它们所遵循的法则就是：效率低的事物会被瓦解，将资源和位置让给效率高的事物。世界上所有事物发展的方向只有一个：更高的效率。

有人可能会说了：金融和经济的发展方向是更高的效率尚可理解，难道文学、艺术的发展方向也是更高的效率吗？

答案可能会让一些人感到心痛。常人一般都有两个世界：理性的世界和感性的世界，或者说物质的世界和精神的世界。我们要在物质世界里拼事业、拼发展，也要在精神世界里享受审美的愉悦，感受快乐的情绪，从而平衡自己的生活。然而，可悲的是：艺术在我们个人心中的地位和它在客观世界中的真实发展方向是两件完全不同的事。实际上，艺术无论多高级，也不能脱离客观世界而存在，因为艺术是存在于人们心中的，而人的心是依附于客观世界存在的，人的情感是由大脑中的一个个神经元细胞催生的。一种艺术想要更好地存在和发展，就必须占据更多人的大脑、更多神经元细胞，换言之就是要更大众。

很多小众的艺术作品，包括电影、音乐、美术等艺术形式，具有很高的价值，但只有耐心且敏感的人才能欣赏，因为这些作品有共同的特点：含蓄。快餐艺术则会利用大众普遍的审美机制，通过提供强烈的刺激，瞬间让人们处于激情和狂欢狂态，进而实现广泛的传播。这些快餐艺术在大众看来，更符合效率法则，因此生命力就更加旺盛。

当然大众艺术并非全部不好，像达·芬奇、米开朗琪罗、莫扎特、贝多芬等人在其所处的时代也是最大众的艺术家，他们同时也能穿越时空感动现代人。遗憾的是，在那个时代还有很多同样优秀的小众艺术家，他们的艺术因为缺乏足够的能量，其信息便无法传递到今天的世界了。因此，我们说：艺术的发展方向同样是更高的效率。

艺术尚且如此，我们每个人当然也一样。造物者是公平的，他给每个人相同的时间、大体相似的精力和体力，谁也不能超出人类的极限。然而，为什么不同的人会有天差地别的境遇呢？排除出生的因素，人和人的差异最终就体现在两个方面：第一，目标；第二，效率。

当人们目标相同时，比如赚钱，有些人能成功，有些人则会失败。造成这种差异的原因，往往是大家利用时间和精力的效率不一样。做同样的事，有些人付出很少，收获却很大。这些人通常能够以自己的能量为支点，撬动别人的能量，撬动社会的能量，撬动网络的能量，撬动科技的能量，撬动传媒的能量，撬动整个世界的能量，为自己所用。这个世界的资源是有限的，效率高的人就像黑洞，他们会把效率低的人的资源通通吸收到自己手中。

因此，我们要想在这个资源有限的世界中成为更好的存在，唯一的办法就是提高自己的效率，甚至让自己也成为黑洞。那么，如何才能撬动这些资源呢？

首先，我们要知道一切资源运行的原理。这里就牵扯到两个关键词，它们同时也是组成整个宇宙的两个基本的元素：能量和信息。没错，宇宙看似庞大而复杂，但是它的组成其实就是这么简单：能量 + 信息。

接下来，我会为大家介绍能量和信息，并逐步揭开藏在能量和信息背后的、宇宙最本质的神秘元素。

总结

这一章，我们为大家厘清了世界的发展方向——更高的效率。同时也给出了效率的定义：单位时空所利用的能量及单位能量所产生的信息。我们每个人想要获得成功，其实只需要做到一件事：提高效率。要想提高效率，就不能只用自己的力量做事，而是要找到一个支点，用自己的能量撬动更多、更大的能量。

○ 法则 2

能量：万物的底层驱动力量

世界的发展方向是更高的效率，那么如何才能高效？我们先来看一个故事：

有个美国小孩从小就梦想飞上太空，起初他把希望都寄托在 NASA（美国国家航空航天局）上。一晃 30 年过去了，让普通人飞上太空的航天飞船仍没有造出来。他不想再等了，决定自己出手。

对普通人来说，飞上太空简直是天方夜谭，除非借助别人的力量。他想出了一个方案：搞一个大奖赛，奖金 1000 万美元，奖给最先制造出能在亚轨道飞行且能够重复使用的私人太空船的人。

想法虽好，问题是奖金从哪来，1000 万美元可不是个小数目。显然他需要成功引入投资，而成功引入投资的前提是让自己的方案进入“超级可信性界限”。

何谓“超级可信性界限”？其实每个人对某件事是否可信都有自己的判断，判断的依据主要有两个：第一，这件事在逻辑上是否可行；第二，说出这件事的人信誉如何。这两条都满足了，就可以说迈入了“可信性界限”。所谓迈入“超级可信性界限”，就是说这件事的可信性级别更高，毋庸置疑。

他把自己的方案告诉了一位知名记者，在这位记者的引荐下，找到了时任美国联邦航空管理局太空飞行事务指挥官帕特里克·史密斯和时任美国国家航空航天局局长丹尼·戈尔登。彼时，受体制、成本、技术等因素制约，美国国家航空航天局的太空技术正处于瓶颈期，他们也希望有民间力量参与到太空技术的研发中来。双方一拍即合，他便趁热打铁，召开了一场新闻发布会，让上述两位重量级人物和另外两位非常有名的宇航员前来助阵。

大胆的想法、飞上太空的梦想、巨额的奖金、权威人士的站台……这无疑是最能抓人眼球的爆炸性新闻。于是，新闻发布会结束后，世界各地的媒体纷纷刊发头条，对此事进行报道。

就这样，在新闻媒体和行业权威人士的背书下，一个看似普通人的疯狂想法，摇身一变，成为“超级可信性界限”之内的事件，接下来的事情变得异常顺利。

新闻发布会结束后不久，捐助人安萨里一家找到他，愿意捐赠1000万美元，大奖赛也随之更名为“安萨里大奖赛”。

大奖赛开始招募选手时，各路报名者纷至沓来，其中包括6家非常有实力的太空技术公司，他们为此事的投入高达10亿美元。

2004年，微软公司联合创始人保罗·艾伦资助的“太空船一号”赢得了大奖，故事的主人公也如愿飞上了太空。

在这个故事中，主人公没花一分钱，却撬动了数十亿美元来帮助自己实现梦想。这个效率够高了吧？当然算是很高了，但在这个世界上，效率比他高的人还有很多，他们怎么做到如此高效的？

要回答这个问题，我们要先了解一下构成这个世界的两个元素——能量和信息。也许有人会反对，构成宇宙的元素不是时间、空间、物质、能量吗？怎么就变成能量和信息了呢？信息等以后再讨论，我们首先来看能量。

时间、空间、物质、能量，确实是构成世界的四大元素，不过能量与其他三个元素不是一个层级的事物。按目前的理论来说，能量是先于时间、空间、物质而存在的，换句话说，是能量创造了时间、空间和物质。

根据宇宙大爆炸理论，在宇宙大爆炸前，宇宙没有时间，没有空间，也没有物质，只有一个点。这个点多大呢？它没有大小，因为此时的宇宙根本没有空间可言。

既然没有大小，怎么证明这个点存在呢？是能量，而且是能量的最基本的形式——热能。换句话说，宇宙大爆炸前，只有一个温度极高的点，点的周围就是绝对零度。

接下来，根据热力学第二定律，能量会从温度高的地方流向温度低的地方。需要指出的是，这里的流动不是一般的流动，而是以极快的速度扩散，也就是我们所说的宇宙大爆炸。

我们知道，时间存在的基础是变化。只要有变化，就有时间。所以从宇宙大爆炸那一刻起，能量一直在流动，在扩散，所以也就有了时间和空间。

那么物质是怎么来的呢？其实从本质上来说，根本就不存在所谓的物质，你现在之所以能够感受到物质的存在，能够触摸到桌子、椅子、手机、键盘等，是因为巨大的能量在极小的空间内相互作用产生的引力及斥力给你带来的感觉。

什么意思呢？大家都知道，任何物体都是由原子组成的。而原子是由质子、中子组成的原子核和围绕原子核运行的电子组成的。我们来看图 1-1，图中外面的是电子，中间的是原子核。其实，这张图是错的，因为要想画一张正确的图，我们需要一张像足球场那么大的纸，然后在这张大纸的中心轻轻点上一个比沙子还小的点作为原子核。这才是原子核在原子中的真正比例。

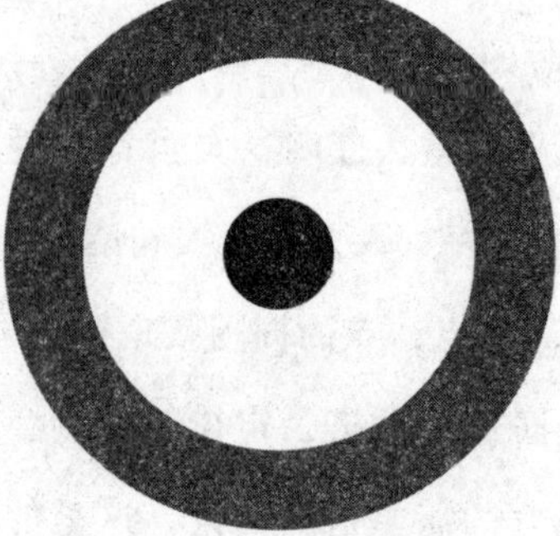

图 1-1 原子模型

如果将图转化为数字，一个原子的 99.9999999% 都是空的，但由于在原子内，电子围绕原子核飞行的速度极快，所以不同原子无法闯入对方的领地，只能老老实实地排列在一起，这就造成我们用手无法穿透这些空心的原子。

也许有人会说，虽然原子大部分是空的，但毕竟中间还是有那么一点点原子核是真实存在的吧？其实原子核也是空的。因为原子核和原子一样，也是由巨大的能量被限制在一个更小的叫作“势阱”的空间中而产生的。

这个巨大的能量有多大呢？大家应该知道爱因斯坦的质能方程式：$E=mc^2$。公式中的 E 代表能量，m 代表质量，而 c 则代表光速。没错，无论质量是多么小的数字，将它乘以光速的平方，大概都称得上是巨大的能量了吧！

现在我们知道，宇宙中的一切实体都是由能量组成的，而且一切变化也是由能量驱动的。因此，我们做一切事，本质上都是在使用能量、调动能量、消耗能量。又因为每个人的能量是有限的，时间和精力也是有限的，所以想成功，就要看我们能否用有限的能量撬动无限的能量。谁撬动得多，谁的效率越高，谁就是最后的成功者。

就拿本章开篇的故事来说吧！主人公一分钱没花，他是如何成功的呢？其实，他的做法就像是通过一个个支点，用杠杆将能量逐级进行放大：

· 他提出了一个听起来很疯狂的想法，至少一般人不会去想。然而，这个想法符合当时世界技术的发展趋势。

· 他用这个想法撬动了一位记者的兴趣，并通过这位记者撬动了公众影响力极大的业内权威。

· 他又通过有权威站台的新闻发布会，撬动了世界各大主流媒体。主流媒体又通过发布新闻，撬动了大奖赛在公众领域的传播。

最后，他成功地吸引了全世界的关注，获得了 1000 万美元的赞助，前来参赛的公司络绎不绝，有数十亿美元投入，进而实现了飞上太空的梦想。

有人也许会问，刚才所说的能量仅仅是比喻上的能量，还是真正的能量——热能呢？答案是真正的能量，即热能。

首先，人类的任何行动都离不开能量，方式是通过将糖分解成二氧化碳和水，从中释放热能，来驱动人类行动。

其次，一个疯狂但具备可行性的想法，会给人带来兴趣，而兴趣会在大脑中刺激多巴胺的分泌。多巴胺是在大脑中撬动能量的最强物质，它可以让人们心甘情愿付出更多能量。

再次，业内权威出面背书，实际上利用的是权威在公众中的信用，而信用实际上是这些权威们之前付出的能量所积累的势能。这些势能在公众的脑海中会转化为一系列正向神经信号，让公众的大脑相信并关注一件事，这个过程归根结底也是热能驱动的。

最后，钱就更是人类社会能量交换的媒介了，人们通过积累能量转化成钱，再通过花钱使用之前攒下的能量。

因此，可以说包括人类社会在内的一切事物，本质上都是由能量组成，并由能量推动的，而这里说的能量，绝不仅仅是比喻，而是能量本身。

还需要补充一点，不仅人类，其他动物也能利用能量，但人类利用能量的效率最高。一是因为人的大脑连接更多，更复杂；二是因为人类拥有千百年来积累下来的知识与经验，通过这些知识与经验，我们可以像活了几千年的生物一样思考，可以调动远超其他生物的巨大能量。

而知识与经验本质上是什么呢？稍后，我将向大家介绍构成宇宙的另一个元素：信息。

总结

这一章，我们给大家讲了一个不花一分钱，就实现了太空梦想的故事，并从中引出了效率与能量的关系。之后我们向大家介绍了能量产生的时间、空间和物质的原理，分析了太空故事的主角，是如何通过逐级放大的方式撬动了巨大的能量。最后，我们还简单解析了能量如何组成人类社会并推动其发展。

○ 法则 3

信息：维持世界存在的深层代码

互联网时代，信息为王。人类和信息是什么关系？

我们先来看一个故事：

有甲、乙、丙、丁四名应届毕业生，同时进入一家大公司上班。其中，甲是最勤奋努力的，被分配到销售部；乙是最有才华的，被分配到市场部；丙对什么都有兴趣，但没有常性，连续换了两个部门，最后去了人事部；丁能说会道，去了公关部。

试想一下，两年之后，四个人中谁升职最快？是勤奋努力的甲，是才华横溢的乙，还是口才出众的丁？都不是，而是对什么都有兴趣的丙。

怎么会这样？大量的研究数据表明，在一个单位中，升职最快、评价最高者常常是那些能够连接不同部门，甚至连接市场、客户及供应商的，能够在他们中间充当沟通角色的人。因为这样的人连接了不同的群体，也就掌握了不同的信息。这些信息对该群体内部来说，可能是司空见惯的东西，但对于其他群体来说，就显得非常有价值。

上面所说的丙就是这样。他进入公司后，先后服务过三个部门，对公司各个部门的业务都很感兴趣，对客户和供应商的情况也是一样，他把大量的精力用在结交朋友上，同时在和朋友聊天的过程中了解了各个部门和合作伙伴的信息。这样一来，他对公司的情况拥有了像老板一样的视角，甚至还掌握了一些连老板都不知道的信息。

一次，公司采购部与供应商谈判了很久，却总是拿不到理想的价格，他们便把这个问题归结为公司的市场地位不够强势，无法拿到理想价格。丙知道后提出，解决这个问题只要拉上市场部的同事一起和供应商谈判就行了，因为市场部手里有供应商需要的媒体资源。最后确如丙判断的那样，经过市场部与供应商的资源交换，公司成功地把供应商的产品报价压下了一大块。

大家想想，像丙这样的人在公司中是不是最有可能获得升迁呢？答案当然是肯定的。丙成功的秘诀是什么？是占有更多的信息。

我曾提到过，人类思考的效率比别的生物更高，一个重要的原因是人类拥有千百年来积累下来的知识，正是通过这些知识，我们可以调动远远超过其他生物的巨大能量。

知识本质上是什么？是信息。这一章我们就来介绍组成宇宙的另一个重要的元素——信息。

既然说时间、空间和物质都是由能量产生的，为什么还要加上一个信息呢？要回答这个问题，只要理解一件事就够了，那就是我们人类自己是什么组成的。这个问题很好回答，我们是人，人是生物，生物由细胞组成。

新问题又来了，科学研究表明，人体近一半的细胞会在一个月内凋亡，取而代之的是一批新生的细胞。照此推算，除了大脑中的神经元外，人体中的所有细胞都会在7至9年内至少更新一次。既然人体是由细胞组成的，而7年后我们原来的细胞已经变成了新的细胞，我们还是我们吗？当然是。

如果7年后的我们还是我们，那么我们到底是什么？答案很简单，其实我们本质上就是一组信息。首先我们的细胞无论如何更新换代，它们都是根据DNA中存储的信息进行更新的。可以说，只要我们的DNA信息存在，细胞无论怎么更新，我们的身体都还是我们的身体。更重要的是，我们的记忆、思维方式和脾气性格，其实都是大脑中神经元细胞通过各种连接网络存储的信息。因此，只要这些网络中的信息存在，我们的人格、意识和记忆就存在。

除了人类，宇宙中的其他事物归根结底也都是一组信息。这些信息包括事物的数据结构、各种属性、各种数值，这些具体的内容我们将在本书的后面讲解。现在要解释的是，信息之间的区别是什么？

我们知道，能量的区别是大小，即数量。信息的区别则是算法及其复杂度。通常某一个事物，能量可能很大，但信息量却可能很少，比如太阳，能量太大了，可以说地球上的所有能量本质上都来自太阳：地球本身是靠太阳引力产生的；地球上的煤炭、石油是植物的化石，而植物是靠太阳光生存的；就连我们用的核电站的放射性原料，最初也是靠太阳能的作用产生的。地球只吸收了太阳亿万分之一的能量，就养活了这么多生命。

别看太阳的能量如此之大，但和渺小的人类相比，太阳的信息量却少得可怜。可以说，我们任何人身上存储的信息量，都是太阳的数千亿倍。

此外，还要注意一个问题，通常信息算法的复杂度决定了一个事物利用能量的效率。继续用人与太阳进行对比这个例子，人类虽然渺小，但因其信息算法的复杂度高，所以人类利用能量的效率远远超过太阳。不过，太阳的能量确实太大了，所以即使利用率不高，但能量依然巨大。

信息如此重要，那么信息的形式有哪些呢？信息可以分为三类：一是消息；二是知识；三是原理。

在这三种信息中，消息的特点是时效性强、过时作废，所以第一个知道消息的人，是最有势能的人。例如一家公司即将宣布一个重大的重组计划，谁第一个知道这个消息，在别人都不知道的时候买入该公司的股票，自然能赚到最多的钱。不过，他利用这个消息只能赚一次钱，因为消息是一次性的，是有时效性的。

和消息相比，原理就不一样了，它是亘古不变的法则，是某个范围内的真理。例如万有引力定律、两点之间直线最短公理等。你只要知道一个原理，就可以重复使用；只要是同样的情况，你就可以依据原理推导出你想要的结果。

最后说一下知识，它或许是信息的三个形式中最尴尬的。知识是在某个时间段内有效的信息，它的时效性不像消息那么强，也不像原理有很久的适用期。

举个例子，在20世纪初的英国，女人不能参加选举也不能投票，因为当时的人们认为，女人的大脑和男人不一样，她们只在乎自己家里的那点利益。这在当时的英国是尽人皆知的观点。

后来第一次世界大战爆发了，男人大都去前线打仗了，英国国内的生产和战争的后勤只能交给女人。女人们走出家庭，参与到社会活动中来，慢慢地她们成立了为自己争取权益的组织，并争取到投票权。最后，男人们也开始承认，其实女人并不是那么短视，不是那么不可理喻，她们也能像男人一样做出理智的判断。

从这个例子可以看出，当初一个理所当然的观点，因为情况发生了一些变化，这个观点突然就不再适用了。

当然，大家不要误会，这里并不是说知识没有用，相反，当今世界科学技术得以发展，都是建立在掌握了大量知识的基础之上的。因此，我们必须掌握更多的新知识，才能在竞争中处于优势位置。

不过，从实用主义的角度讲，因为我们学习的时间是有限的，所以我们还是应该注重学习最根本的原理，这样才能收获更多，提高更快，这才是效率最高的选择。

知道了信息的形式，那么信息是如何产生的呢？

信息也是由能量产生的。既然如此，为什么不把信息和同是能量产生的时间、空间、物质放在一个层级，而要把它和能量放在一起呢？主要有两个原因：

第一，信息太重要了，重要到如果只有能量，而没有产生信息，那么我们宇宙的存在可以说是没有意义的。

第二，从理论上说，没有能量也可以产生信息，而我们的宇宙理论上也可能只是一组庞大的信息，而不是由真实存在的能量、物质、时空组成的。

就像电影《黑客帝国》中展现的，我们只是存在于一个数字世界中的，一切我们认为真实存在的东西，都是信息给我们的感觉，包括感觉本身。这是几百年前由哲学家笛卡尔提出的假设，直到今天都没有人能证明这个假设是否成立。

大家仔细想想，笛卡尔的假设能否成立，这对我们来说，有什么区别呢？即便物质并不是真实存在的，可只要我们能感受到它们的存在，它们不就是绝对真实的吗？从这个角度看，存在的概念是不是应该重新进行定义呢？

总结

这一章我们先给大家讲了一名大学毕业生利用各个部门的信息并得到快速晋升的故事，从而提出了信息的重要性。之后，我们介绍了日常生活中信息的三种形式：消息、知识和原理。

○ 法则 4

差异：“比特”定义事物的存在

我们说过，宇宙是由能量与信息构成的。需要指出的是，能量与信息并不是宇宙最根本、最基础的元素，它们是同一个事物的两面，或者说这二者其实源于同一个元素。我们只要掌握了这个元素的运作原理，也就能掌握整个世界的运行法则。

这个元素是什么呢？要回答这个问题，我们先来看看信息和能量是从哪来的。

首先看信息。信息的最小单位是比特，一个比特就是一个 0 或 1，其中 0 代表无，1 代表有。当然，实际操作中，并非这么简单。以光盘存储信息为例，光盘存储信息的原理是用一个可写光头，在光盘的轨道上点点。在读取数据时，沿着轨道一个一个地读，没点的位置是 0，点了点的就是 1。假如存储大写字母 A，光盘轨道上的点是这样的：01000001。

由此可以想象，一张没写过数据的空盘，轨道上自然全都是 0 了，因为 0 代表无。相反，如果一张光盘的轨道上写满了 1，而没有一个 0，那么这张光盘上存储信息了吗？

答案是没有。因为全是 1，其实和全是 0 一样，没有表达任何差异，也就没法传达任何信息，它们唯一的差别就是有没有点。

其实有点是 1，没点是 0，这是我们人类自己定义的，同样我们也可以定义有点是 0，没点是 1，或者说，宇宙中其实并没有什么 0 和 1 的，这是人类自己创造的概念。宇宙中有的只是差异，有差异就是有信息，没差异就是没信息。

我们再来看看能量是怎么来的。

之前说过，宇宙大爆炸之前，是一个温度极高的点，它的周围是绝对零度，而热量会从温度高的地方流向温度低的地方，流动扩散的速度很快，所以叫作“宇宙大爆炸”。

根据这套理论可以知道，能量源于流动，而流动需要温差，要有温度高的地方和温度低的地方。举个例子，有一个 1000 亿摄氏度的点，可以说它的能量很大吗？答案是不能。因为能量不是来源于温度，而是来源于温差。

同理，如果宇宙中每个点的温度都是 1000 亿摄氏度，那么宇宙中还有能量吗？当然没有，因为没有差异，就不会产生流动。没有流动，这样的状态叫作“死寂”，一切都停止了，没有运动，也就没有时间，这是宇宙消亡时的样子，也叫最大熵（这个词后面再进行介绍）。

由此可以看出，能量和信息一样，也来源于差异，没有差异就没有能量，没有差异就没有信息，所以说：差异即存在。

有对哲学感兴趣的朋友，还可以从认识论的角度来理解和证明这个观点。认识论的鼻祖笛卡尔说过一句名言：“我思故我在。”意思是说，不管这个世界存在不存在，只要我的大脑还有意识，我就是存在的。

大脑中的意识是怎么来的呢？我们说过，大脑中的信息来自神经元细胞的连接，在连接的过程中，神经元用放电表示 1，不放电表示 0。如果大脑中 850 亿个神经元每个都不放电了，人就等于死了。脑死亡，用笛卡尔的话说就是不存在了。

同理，如果每个神经元都放电的话，意味着什么？从生物的角度说，如果神经元能放电，说明这个生物体还有能量给大脑供电。但从大脑的角度说，这个脑中同样没有任何信息，更没有意识了，用笛卡尔的话说，就是也不存在了。

因此，大脑中的信息需要有些神经元放电，有些不放电，这样才能产生差异，才能产生意识。故而笛卡尔的这句“我思故我在”，也可以替换为“我异故我在”。

此外，不仅仅是西方哲学，中国古代的老子在《道德经》中所说的“有无相生，高下相倾”，中国美术作品中讲究的“留白”，也都是表达了“差异即存在”的道理。

差异即存在的道理，具有广泛的实用意义。经常看新闻的朋友会知道，国外一些政治人物经常会做出一些出格到疯狂的言行。这并不是他们幼稚，或者说情商低，而是他们的策略——制造差异。

与那些中规中矩的政治人物相比，选择制造差异的政治人物算是另类，他们可能会饱受诟病。但这并不要紧，因为那些不喜欢这种风格的人，从另类政治人物第一次做出疯狂言行的时候，就已经离开支持他的阵营，所以无论他以后再做多少更加出格的言行，都不会流失更多的支持者。

另一方面，极端的言行也为另类政治人物带来了一批忠诚的粉丝。从群体心理学的角度，另类的颠覆性，正好可以引燃特定群体的激情之火，之后随着另类政治人物不断做出极端的言行，便进一步强化了他的差异，也给他的粉丝团带来更大的激情。

他们不断地制造新闻，就是要通过这种差异，获得世界上最大的存在感，同时搅动更多的能量。

他们真正需要的是什么？当然是能量，更多的能量。差异可以带来能量，怎么利用这个原理呢？

我们知道，差异是相对的，能量从高温向低温扩散，反过来也可以说，低温在分解高温。例如一杯咖啡，往里加了一勺奶，可以说咖啡的纯度在被奶降低，也可以说奶的浓度在被咖啡稀释。因此想要能量流动，就要制造差异，而制造差异可以从两个方面下手：建一座塔，让塔上的东西拥有势能；挖一个坑，让地上的东西拥有势能。

举个“挖坑”的例子，营销圈有句话叫“无争议不营销”，因为你想做一个高大上的广告，让别人夸你，见面谈论你，是很难的，而引起争议的广告就容易多了。

总结

这一章，我们给大家介绍了产生宇宙的最基本元素——差异。之后又向大家介绍了差异是如何制造信息与能量的，还从哲学的角度证明了“差异即存在”的道理。最后，又简单介绍了一下通过洼地制造差异的有效方法。

○ 法则 5

势能：在能量转换中挖掘机会

能量不仅表现在自然科学领域，也表现在社会科学领域。

我们一直在讲能量，目前为止，人类社会最强大的能量依然是人。未来，科技的力量可能会超过人类，但利用科技力量的依然是人，科技只不过是人类引导能量的工具。人的能量关键在人心，而每个人重视的事情不同。普通人重视的不外乎钱、名、权、生命，而对信仰坚定的人来说，信仰的价值能够超越一切。

何谓信仰？它本质上是一组信息，特点是传播、复制的效率极高。对于个体来说，信仰会在他心中统一各路原本不协调的能量，把他的能量推到一定的高度。信仰的高度给了他最大的差异，而差异就是势能，势能随时可以转化为动能。

何谓势能？在一个系统中，两个相互作用的物体间的差异，这种差异可以释放或转化成其他形态的能量，但在转化发生前，势能只是一种状态量，是能量的第一种形态。

例如，科学家估计，宇宙大爆炸前，那个温度超过1000亿摄氏度的奇点，和周围绝对零度的真空间的温度差，就是一股巨大的势能，是这股势能转化成了我们今天的宇宙。无论是奇点变成宇宙，还是撬动数十亿美元的太空探索，势能要想真正为我们所用，都必须进行转化，而它转化成的就是能量的第二种形态——流动性。

何谓流动性？本质上说就是动能。因为我们说过，任何事物只有在流动的时候，才能产生能量。

不过本书不使用动能，而使用流动性这个词，因为流动性能更准确地表示出产生动能的具体事物。比如，电流动是电流，空气流动是气流等。

在人类社会中，我们一般将能量的流动性划分为四种类型，即人流、物流、资金流和信息流。除此之外，还有一种至关重要的，又经常会被忽略的隐形流动性，那就是注意力。

注意力是一种什么能量呢？可以说现在大多数互联网企业都是在经营这种注意力能量，或者说注意力资源。

简单来说，地球上有70多亿人，每人每天16小时（除去睡眠的8小时），这可以视为地球上的注意力资源总量。不过具体到经济价值上，每个国家、地区、城市甚至个人的注意力所代表的经济价值都是不同的。比如，同样是1个小时，一个10岁小孩的注意力和总统的注意力，显然存在着巨大的差别。

虽然注意力的总量是有限的，但我们很难精确计算。幸运的是，在互联网及大数据的协助下，在实际应用中，我们可以对注意力背后的能量进行一定的估算。

因此，在经济社会中，作为一个想利用本书赚钱的人，首先应该确定，自己需要哪些能量，是人流、物流、资金流、信息流，还是注意力。这一步确定下来后，具体操控这 5 种能量的方法，我们会在后面的课程为大家介绍。

总结

这一章我们先给大家讲述了信仰的势能，由此我们引出了势能这种能量的存在形态。紧接着，我们带大家了解了势能转化后的产物，也就是能量的另一种存在形态——流动性，它又分为人流、物流、资金流、信息流和注意力。

○ 法则 6

媒介：高效调动能量的基础结构

除了势能与流动性，能量还有哪些形式？

我们先来看一个故事：

几个学设计的女孩在社区开了一家服装店，卖独立设计的女装。一开始服装店的生意很好，可随着电商的爆发式兴起，店里的生意越来越差。虽然她们的设计好，很多女孩看一眼就想买，但遗憾的是有了电商后，顾客已经懒得进店购物了，所以再好的服装，如果没有人发现，就很难卖出去，最后几个女孩连房租都交不起了。

面对窘境，几个女孩聚在一起，做出决定：再坚持两个月，如果还是没有起色，就只能关门散伙。

在这最后的两个月里，一个女孩提出了一个大胆的想法，大家听了以后，觉得反正最终也只能关门，不如“死马当活马医”，试试这个办法。没想到，不久后奇迹发生了，用了这个大胆的方法后，女孩们的服装店不但起死回生，而且逆势上扬，迅速发展成一家备受瞩目的明星公司。

那个女孩的大胆想法是什么呢?

要回答这个问题，需要介绍一下这个想法诞生的经过。有一天，那个女孩去某家美容院做美容，看到有几位顾客在一边聊天，一边排队等候。女孩就想，做美容行业的就是好，不但不受电商的影响，还能从平台获取客户。如果我们开的不是服装店，而是美容院，该多好啊!

就在这时,一个想法突然闯进她的脑海:既然美容院人多，我们就把自己设计的服装拿到美容院来卖吧。

女孩回到服装店，把这个想法告诉了其他几个女孩。经过大家讨论，她们创造了一种新的商业模式：经美容院员工的介绍，美容院的顾客会安装一款试衣 App。这款 App 可以对她们的身体特征进行识别扫描，并为她们推荐一款定制的衣服组合。当顾客下次来到美容院排队等待的时候，就可以免费试穿这一款专门为她们定制的衣服。

这个模式一上线，就受到很多女性顾客的追捧，销量直线上升。由于可以给美容院员工带来额外的收入，还能提高美容院顾客的体验，很快越来越多的美容院加入这一模式之中。就这样，女孩们的服装生意越做越好。

故事就讲到这里。故事中，女孩们的服装生意，到底成功在哪里呢？我们知道，这家公司的能量源是时尚女性爱美的需求。然而，在这个电商横行的时代，如何才能让这些能量流到她们的产品上呢？这就涉及能量的另外一种要素——媒介。

我曾讲过，能量存在两种形态：势能与流动性。任何形式的势能想要产生作用，都必须转化成流动性，在流动的过程中产生作用。

学过物理的朋友都知道，声音的传递，需要某种介质作为渠道，这种介质决定了声音传递的方向和速度，对声音的传播起决定性作用。这种介质就是我们所说的能量的第三种关键要素——媒介。

常见的媒介包括：空气、水、液体、金属等物理介质；书籍报刊、广播电视、互联网等信息的媒介；国际电汇的SWIFT、Visa、银联、支付宝、区块链等资金流的媒介；公路、铁路、港口、机场、快递等人流（物流）的媒介。在公司运营中，媒介包括：获客渠道、供应链、物流、宣传媒体等。

回到开头的故事中，女孩们做生意成功的核心原因是创造了一种全新的获客渠道——美容院。当然，美容院能够成为获客渠道，成为媒介，是因为具备以下条件：

首先，源头上，美容院的目标顾客和服装店的目标顾客一样，都是时尚爱美的女性。

其次，心理上，美容院的顾客一般都是它们的会员，随着时间的积累，顾客对员工的信任度较高。

再次，结构上，美容院有合适的试衣间，顾客在等待的时候，正好可以进行试衣。

最后，美容院与服装店没有竞争关系，通过合作，可以实现双方乃至顾客的三方共赢。

借鉴几个女孩做服装生意的故事，大家在创业时，应该如何选择或建立属于自己的能量流通的媒介呢？首先，我们需要搞清楚两个问题：一是我们的能量从何处来；二是能量流经过我们向何处去。

关于第一个问题，我们可以分成如下几步进行解决：

1. 客户的需求是什么？

2. 谁有这样的需求？

3. 这些人现在如何满足自己的需求？

4. 我们如何满足他们的需求？

5. 现有的获客渠道有哪些？哪些最精准？流量如何？

6. 这些人的注意力还会关注其他哪些地方？

7. 我们能否通过重组这些地方，建立效率更高的渠道？

关于第二个问题，我们可以分成如下几步进行解决：

1. 我们的产品或服务，由哪些元素组成？

2. 这些元素被我们重组后，增值多少？

3. 我们从哪里获得这些元素的效率最高？

4. 这些渠道是否稳定？备用渠道是什么？

5. 我们能给这些渠道带来多大价值？能否让他们依赖我们？

6. 除了这些元素，维持我们的存在，还需要哪些成本？

当我们很好地解决上面的这些问题后，我们就建立起了自己的能量传输媒介。这些媒介一旦建立，就将成为我们事业的重要资源。换句话说，媒介其实就是一种特殊的要素，通过它，能量可以顺畅地流经我们，我们也可以从中获取能量。

除了媒介，我们还需要其他哪些要素呢？接下来就让我们为大家介绍能量的第四种关键要素——资源。

在前面我们说过，物质的本质是受限的能量。换句话说，能量的其中一种形态就是物质。为了更加贴近实用层面，在本书中我们管能量的这种形态叫作“资源”。

我们说过，经济的本质是资源的利用效率。为什么这么说呢？因为人类所拥有的一切，本质上都是资源。因此，所谓赚钱，其实也就是在获取更多的资源。

对人类来说，资源可以分为两大类。一是自然资源，包括阳光、空气、水、土地、海洋、矿石、生态系统、动物、植物等；二是社会资源，包括人、信息、知识、基础设施、电网、交通、金融、通信网络、科技、文化、商品、货币等。

此外，我们能够拥有的一切实物，都是资源。因此，在现实世界中，人类发展的目标就是获取资源。

另一方面，如果我们直接用资源来做生意，效率就会非常低，因为用资源做生意，其实就是在用资源换资源，商品中没有加入我们的任何智慧，没有技术，没有创意，没有品牌，没有任何增值过程。这样的生意有什么效率可谈呢？

举个例子，同样是用含铀矿石赚钱，没技术的直接开采铀矿，然后运输、转卖；有技术的则用铀来发电，核裂变中，1 千克铀的发电量相当于 27 万吨煤。

这就是智慧在经济中起到的杠杆作用，甚至创造作用。因为没有技术前，铀对人类来说根本不是资源，但是通过创新发明核技术后，铀突然变成了国家战略资源。

因此，经济的本质是资源利用效率，经济增长的本质则是创新。那些直接卖资源的人，都是自己的创新能力跟不上资源获取能力的人。这样的人在世间只有两种：一种是没有头脑也没方法的人，另外一种则处在社会的最顶层，以至于资源多到根本没有技术可以消耗完。

如果你不是那种资源多到没有技术可以消化的人，我们建议你还是想想如何通过自己的智慧，提高资源的利用效率，或借助外部的资源与能量为自己所用吧。

在当今人类社会中，那些可以供我们使用的资源和能量大体可以分为两大类：人的能量与物的能量。其中，人的能量包含社会群体的能量、个体（即某个人）的能量、注意力的能量；物的能量则包含科技的能量、资金的能量、物质的能量。

因此，当我们想要调动能量时，就可以从上面几个方面思考，我们需要哪些能量，高效调动这些能量有哪些具体方法？

在这里大家可以记住一点，高效利用能量的方法都有一个共通的特点，那就是它们都需要借助同一个高效的东西：信息。接下来，我们将为大家分析信息。

总结

这一章，我们先为大家讲了一个服装店创造新渠道的故事，并由此引出了能量的第三种关键要素：媒介。随后我们为大家分析了媒介的本质以及如何为自己的能量流找好高效的媒介。之后，我们指出媒介本质上其实是一种特殊的要素，我们又为大家介绍了能量的第四种形态——资源。

○ 法则 7

熵减：用信息对抗不确定性

掌握信息是高效利用能量的前提，那么该怎么认识信息呢？

我们先看一个故事：

美国有一个卖首饰的老板。圣诞节前两周，他在自己的首饰店推出了一项活动：如果圣诞节当天，地下雪超过 8 厘米，接下来的两周内，凡在他的首饰店购买首饰的顾客，他将全额退还顾客的首饰费，将首饰免费送给顾客。

竟然有这种好事！对于很多人来说，圣诞礼物本来就是要买的，如果赶上圣诞节下雪超过 8 厘米，就可以免费获得。很快，当地几乎所有计划购买首饰的人，都来到他的首饰店购买首饰，他也赚得盆满钵满。

然而，很不幸，圣诞节当天，这个平时很少下雪的地区，竟下起了超过 15 厘米的大雪。为了遵守承诺，他只能把近两周卖首饰的钱全部退给了顾客。

有人会问，这个老板亏了一大笔钱吗？当然没有。为什么首饰店在赔付了这么多首饰费后，却没有受到损失呢？

答案是创新。因为当时保险公司为这种不怎么下雪的地方提供“天气险”，这位老板早就为自己全部的销售额，购买了“天气险”。现在既然真的下雪了，保险公司就履行了理赔义务。

在这个故事中，这位老板只做了一件事：通过组合现有的旧信息，创造出了新的信息。那么这位老板组合了哪些现有的旧信息呢？一是圣诞节前很多人要买圣诞礼物；二是保险公司推出了天气保险。

这显然是两个风马牛不相及的信息，不过这位老板却通过一个简单的营销活动，将它们组合到了一起：通过退钱的可能性促进销售；再通过保险锁定风险，如此便创造了一个新颖的赚钱利器。要做到这件事，只需要两步：

第一，掌握信息，即先要知道保险公司有这种“天气保险”的产品。

第二，找到信息流及能量流之间的连接点，将能量流打通。

从本质上来说，任何不成功的生意，都是因为能量流在某个环节没有打通。关于这一点，本书在后面还会进行介绍，这一章重点介绍信息。

要真正理解信息，我们首先要了解一个概念——熵。熵反映的是一个系统的混乱程度，一个系统越混乱，其熵就越大；越是整齐，熵就越小。

大科学家爱因斯坦和霍金都说过：熵是整个科学界的第一法则。为什么这么说呢？因为整个宇宙都在遵循熵的两个方向运动，任何事物，无一例外。

我们说过，能量源于势差，本质上就是温差，就像水由高处流向低处，能量也是由高温流向低温。

宇宙大爆炸前，这个温差是最大值；爆炸后，随着高温流向低温，温差逐渐减小。照这个趋势发展下去，会发生什么？

科学家预测，早晚有一天，温差会消失，宇宙中的每个点都会拥有一个相同的温度。那个时候一切都会归于静止，由于没有势差，能量没有了，运动没有了，时间、空间、物质也都没有了。那个时候就是科学家推测的宇宙的终点——“最大熵”，也被称为“热寂”或“死寂”。

我们刚才说过，熵反映着系统的混乱程度，越混乱无序，熵就越大。因此，所谓最大熵就是最混乱无序的状态，在这里我们可以将其理解为信息为零，或者说差异为零。这就是宇宙第一个发展方向——熵增。与之相对的，宇宙的未来还有另一个可能——熵减。

熵减即差异加大，信息增加，引力超过斥力，宇宙由膨胀转向收缩，最终收缩到大爆炸前的那个奇点，然后再次发生宇宙大爆炸。到目前为止，这种可能性还比较小，但依然有这种可能。

是什么力量导致了熵减呢？答案是生命。因为差异即存在，所以生命本质上是一种差异，而任何差异想要维持自己的存在，必须消耗一定的能量。然而，能量是有限的，而且随着熵增的过程不断减小，所以这些差异终将走向消亡。

然而，生命不一样。生命有足够的欲望，想继续存在下去，就会利用自己的智能，获取更多的能量。我们知道，智能越强的生命，效率越高，获取的能量越多，便会用这些能量制造更强的智能，获取更多的能量。如此循环下去，智能越大，信息越多，熵也就越小，这就是所谓的熵减。

目前为止，整个宇宙就是一个熵增体，而地球就是一个熵减体。未来，最终熵减能否逆袭战胜熵增，还不好说，但这种可能性，对生命来说是一个好消息。

在这里，与衡量无序性的熵相对，我们管衡量智能性或信息量的名词叫作“负熵”。现实中是如何来衡量信息量的呢？

我们之前说过，太阳的信息量比人脑小得多。有人或许会奇怪：太阳的能量比人脑大得多，而信息需要能量维持，按理说太阳的信息量应该比人脑大啊？

这里便涉及一个压缩率的问题。信息和能量不同，两个地方，同样存在10焦耳的能量，加起来就是20焦耳。然而，两个同样是10比特的信息相加，却不一定是20比特，还要看这两个10比特具体是怎么组合的，因为完全相同的信息是没有意义的。

例如上午你听到一个新闻，这个信息足够重磅。到了下午，如果有人再次告诉你这个信息，你觉得这个人说的信息还有意义吗？显然没有。这就是可压缩的信息。

同理，太阳的能量虽然大得出奇，但它们表示的信息没有差异，因此是可以压缩的。人脑虽然利用的能量很小，但这些能量所维持的信息本身，差异很大，可压缩率很低，所以信息总量就比太阳大得多。

衡量这种可压缩性的指标，就是复杂度，这也是生命得以产生的前提，这一点我们会在后面的课程为大家介绍。

动物想要活下去，就需要植物、水和氧气，我们人类也一样。试想，如果把一个人放在一个类似两个集装箱大小的封闭环境中，不给他提供任何科技产品，这个人能一直活下去吗？

答案是可以，因为世界上已经有人做过这个实验。

1988年，一个叫约翰·艾伦的美国人，把自己关在一个玻璃仓中——里面有许多植物和足量的水，完成了为期3天的生存试验。后来，女生物学家琳达又在这里面生活了足足21天。这就是有名的生态圈3号实验。

这个实验的原理非常简单。在这个简单的生态圈中，植物为人类提供氧气，人类为植物提供二氧化碳。人类以植物为食，植物以人类的排泄物为养料，藻类等微生物还可以把人类的尿液降解分离出干净的水分。理论上，只要初始环境能满足人的需求量，人就可以在这个密闭的环境中一直生存下去。

这就是信息的力量，生态圈3号中的生物组合，拥有足够复杂的信息，可以适应环境的信息。那么问题来了，这个生态圈3号是一个封闭的系统吗？当然不是。有人或许会好奇，为什么不是呢，这不是一个密闭的玻璃仓吗？是的，玻璃仓的确是密闭的，但是仍然有一样东西可以进去，那就是阳光。

正是因为阳光可以进去，这个系统才能维持运转，阳光让植物进行光合作用，之后才能有氧气和人类的食物。阳光就是这些信息维持存在所需的能量。

和这个玻璃仓一样，地球是一个更大的生态圈。因此，有人管地球叫“生态圈 1 号”。

有人说，地球的能量是守恒的。这是一个错误的观念，地球每天都会接收到来自太阳的 10^{22} 焦耳的能量，依靠这些能量，地球上的生命才能生存和发展。只要有一天没有太阳，地球的生态系统就会土崩瓦解。因此，如果我们把地球看作一个封闭的系统，说它自身是能量守恒的，那简直就是无稽之谈。

因此，地球这个负熵体，目前还是非常脆弱的，别说跟整个宇宙的熵增趋势对抗，就连宇宙中的一个太阳系，我们都远远不是对手。

有人可能会说，地球的命运、宇宙的命运，这些都离我太远，跟我没关系。的确，从表面上看，这些宏观上的大系统，跟我们的现实生活没什么关系。

然而，越是这些离生活比较远的宏观事物，越蕴含着人类无力改变的规律与原理。我们只有看清这些根本性的规律，再把它们结合到生活与事业当中，加以应用，才能比其他人拥有更深远的眼光、更有效的方法。

经过以上分析我们知道，信息增加的过程就是一个熵减的过程，也就是一个智能化的过程。所以，任何生命想要更好地存在，就要更加高效，更加智能。

如何变得更加智能呢？下一章将会给出答案。

总结

这一章，我们跟大家讲了一个首饰店通过重组天气保险、圣诞节前礼物大卖的信息，创造出了新的信息，并从中赚钱的故事，由此我们引出了什么是信息的问题，并为大家介绍了熵和负熵的概念。我们还指出了信息与能量的最大差别——可压缩的问题。最后，我们通过生态圈和地球的例子，理解了负熵体也就是智能体，是如何利用能量维持自己的。

○ 法则 8

通路：信息与能量的高效转换

我们之前说过，信息是高级别的能量，其效率也远远高于能量。那么该如何正确使用信息呢？

我们可以看一个例子：

1815 年改变整个欧洲历史的滑铁卢战役爆发，战役的结果是英国获胜还是法国获胜？这是一个非此即彼的结果，所以信息量只有一比特。然而，提前几个小时知道这个消息的银行家，却利用这条信息，从金融市场中赚取了数亿英镑的利润。那可是 1815 年的英镑，按年 5% 的通货膨胀率计算，放到现在，至少价值一万亿英镑。

从上面的例子可以看出，信息在我们的世界中无处不在，而一些关键的信息，则能够对能量的运行产生重大的影响。那么应该如何使用信息呢？

要回答这个问题，首先要弄清楚信息和能量之间的关系。我们说过信息是一种差异，而要维持任何差异，都需要相应的能量。因此，从本质上说，信息就是一种势能。

在实践中，我们要使用一种势能，最终都需要将它转化成动能，也就是有流动性的能量。例如我们之前讲的飞上太空的故事，主人公就是将航天局局长的信誉，转化成了流动的能量，也就是公众媒体的关注和数十亿美元的资金。

可以想象一下，这位航天局局长一生积累了巨大的信誉，但如果他什么也没说，什么也没做，那么这股巨大的势能就无法变成真实的能量，到他离开人世的时候，就会白白浪费了自己和社会积累的这些信息。

因此，对于信息的应用，我们首先要做的，就是要找到一条通路，可以有效地用能量生成信息，再将信息转化为更大的能量。反之，如果找不到这条有效的通路，你手里即便有全世界最值钱的信息，也无法将它转化为真正的收益。

这就相当于滑铁卢战役中的信使和银行家，信使虽然第一时间知道了战役的结果，但最后赚到巨额财富的还是清楚信息能量转化通路的银行家。

在这个商业社会中，最常见的转化通路，就是我们每天都会接触到的品牌营销，商家先用广告费这种能量在人们心中生成品牌信息。再建立销售渠道，通过品牌信息吸引消费者花钱购物，转化成更大的能量。品牌信息这种势能最大的好处就是，你只要能成功将它烙印在消费者心中，它就能反复地为你带来能量。

只有这种由信息带来的能量，才是效率最高的能量。这种模式能否成功，关键就在于这条转化通路首尾的两个环节：一是商家的广告费能否有效地在人们心中生成信息；二是销售模式能否有效地将这种信息尽可能地转化成能量。

这里需要提一下互联网广告的问题，今天以谷歌、百度为首的搜索引擎为商家们提供了一种伟大的商业模式：关键词转化率模式。这种模式可以让消费者通过关键词搜索直接找到商家，因为是客户的主动搜索，所以成交率很高，商家就可以得到一个明确的投入产出比。

不过，这个模式实际上就是一个陷阱，不信大家可以问问自己身边在做关键词转化率营销的朋友，这些人很少能赚到大钱。因为传统的广告是将钱花在生成品牌信息上，而关键词转化率模式则是企图将钱直接转化为钱。

例如一家旅行社，靠购买“出国旅游”这个关键词，赚到了钱，那么全国的旅行社都会来购买“出国旅游”这个关键词。这样一来，一个关键词的点击单价必然会逐渐提高，直到无限接近你的利润为止。最后的结果是，大家都在为搜索引擎打工，自己只能拿个工资，搜索引擎却赚得盆满钵满。

那么关键词广告能不能做呢？当然能。不过需要换一种思路做，不要只做这种关键词转化率模式，不能将目光全都放在转化率上，因为这种模式本质上就是用钱换钱，所以效率永远也比不上用信息换钱。

我们不论在什么平台、什么媒体上做广告，重点都是要将广告费转化为人们心中的品牌信息，一旦形成了品牌信息，产品的售价、销量和利润都会大幅提高，因为品牌信息的特征就是：第一，上下游渠道愿意给它让利；第二，消费者愿意为它多花钱。

不过，有一点，这种投资品牌信息的广告，是有风险的，因为它无法即时为你带来销量，没有明确的投入产出比，不能保证在消费者心中生成品牌信息，从而打通能量与信息的转化通路。

因此，我们在做任何事之前，都要想好两点：第一，我们有什么别人没有的信息，或者我们能否生成一种新的信息；第二，我们能否将能量转信息和信息转能量的道路彻底打通。上面这两个步骤，就是"能量—信息"模块的第一组关键词"势能—通路"背后的逻辑。

对于第一时间获取的信息，我们在实际应用之前，一定要增加一个关键的步骤——验证。"怀疑—验证"是一对非常重要的观念，如果没有这样的观念，一个人的认知就永远谈不上成熟。

哲学中有一个怀疑主义，也是由笛卡尔率先提出的，之前说过笛卡尔创建近代哲学体系，就是从怀疑一切开始的。

一个人如果对听到的消息和新闻毫无保留地相信，那么他的认知能力永远不会提高。因为信息论告诉我们，这个世界上错误或不准确的信息要远远大于确切的信息。

所以当我们要使用一条信息前，必须首先怀疑它的真实性，并对其加以验证。验证的方法一般有两种：

第一种，交叉验证。就是从不同的维度对一个信息进行验证，比如我们听说一条新闻，“很多不法商家用塑料伪造大米”。如果从单一维度验证这条新闻的真伪，我们需要追溯这条新闻的发布者，再了解他的证据，即是否真的在市场中买到了塑料大米。显然，这样的验证方式，对我们来说既难实施又很低效。

如果采用交叉验证呢？我们只需换一个维度，验证一下不法商家用塑料伪造大米是不是能赚钱。首先塑料比大米贵得多，用塑料伪造大米是赔钱的事；卖大米要赚钱，需要很大的量，也就需要稳定的供应链，而用塑料伪造大米是严重的刑事犯罪，罪犯如果要维持一条稳定的供货渠道，就很容易暴露被抓。因此，从上面两个维度交叉验证后，我们很容易判断出这条新闻是假的。

第二种，双向验证。双向验证的原理是，当我们反复搜索一个信息的时候，往往会得到越来越多支持这个信息的信息，因为这个搜索行为本身，就暗含着“想要了解更多支持这个信息的信息”的期望。这些同类的信息会进一步加强我们脑中的回路，使我们做出并不理性的决策。

如果我们用双向验证的方式，从相反的方向搜索这些信息，便能得到很多反方的观点，为我们的判断提供更客观的依据。

以上是信息验证的常用方法，然而最重要的其实并非方法，而是观念，因为只有观念才能让我们养成“怀疑—验证”的习惯。

下一章，我们会为大家介绍第二类信息，即我们自己创造的信息，为大家重点介绍创新的法则。

总结

这一章，我们为大家介绍了一比特信息能产生的能量，之后指出了信息与能量的关系，即信息本质上是一种势能，而所谓最高效率的做事法则，就是找到能量与信息相互转化的通路，用最小的能量传输、创造最多的信息，并将这些信息转化为更大的能量。最后，我们向大家介绍了信息验证的常用方法，以及“怀疑—验证”的重要观念。

○ 法则 9

算法：组合旧信息的创新法则

提起创新，很多人会想到乔布斯，他们认为乔布斯和他的苹果公司是我们这个时代创新的典范。然而，如果有人说，乔布斯和苹果公司其实没有创造任何东西，只是在挑战很多人的认知。你觉得对吗？我觉得这句话是事实。

可能会有人列出一大堆苹果公司生产的产品来反对这句话，这些东西包括：个人电脑、鼠标、图形界面、MP3 播放器、iPhone 和 iPad 等。

既然如此，那就让我们一个个地搞清楚，这些东西究竟是不是乔布斯发明的。

先说个人电脑，我们知道乔布斯和他的合伙人沃兹尼亚克，是在 1976 年开始研发苹果电脑的，这款电脑在市场上取得的成功，为今天的苹果公司奠定了坚实的基础。因此大多数人认为苹果一代主机就是史上第一台个人电脑。

历史的真相却不是这样。早在 1974 年，一个叫爱德华·罗伯茨的人发明并制造了第一台个人电脑——牵牛星。只是这台电脑由于各方面原因，在市场上没有取得成功，而乔布斯等二人在它的基础上加以改进，例如降低了电源的温度和风扇的噪音等，之后个人电脑在市场上一炮而红。

在这之后，施乐公司的老板希望投资苹果。于是，乔布斯对他说，让我看看你们公司的研发中心都在做什么，我就让你投资。

乔布斯之所以提出这个要求，是因为他早就从杂志上看到，施乐公司有一个专门研究黑科技的研究中心。施乐的老板觉得乔布斯提出的要求十分无理，但他又不想错过如日中天的苹果公司，只好勉强答应。

当乔布斯走进施乐的研发中心时，有两样东西——图形界面和鼠标——瞬间吸引了他的注意。乔布斯对这两个神奇的事物感到震惊，他当下认定这两个东西就是个人电脑的未来，施乐公司自己拥有这么伟大的发明，还要投资苹果，简直是太愚蠢了。

之后的结果大家都知道，乔布斯将施乐的发明带出了研究所，整合改进后投入市场。这便是第一代麦金塔电脑。比尔·盖茨受到它的影响，才做出了他的摇钱树——Windows操作系统。

乔布斯没有创造任何东西，那他到底是不是一个创新者呢？当然是，这一点是毫无疑问的。乔布斯的创新，并非创造一个全新的事物，而是将现有的事物加以改进，或重新组合。其重点是要将产品从能量到信息，再从信息转化成能量的管道彻底打通，进而在市场上取得了成功，以至于几乎所有人都认为是他发明了这样东西。

这便是乔布斯的创新法则，他也用这条法则一次次地复制了自己的成功。

例如 MP3 播放器，本是三星的一家子公司发明的产品，而乔布斯在它的基础上创造了自己的便携式多功能数字多媒体播放器 iPod。

第一部智能手机，本是 IBM 旗下的西蒙公司发明的，诞生于 1993 年，第一个掌上电脑是奔迈公司在 1991 年推出的。乔布斯将它们二者进行结合，加上了多点触屏和 Linux 内核的操作系统，便有了后来的智能手机 iPhone。

早在 1989 年 9 月，网格公司（GRiD Systems）就成功制造了第一台商业化的平板电脑，但大多数人都是在 2010 年以后乔布斯推出 iPad 时，才知道了这个东西的存在。

看到乔布斯的故事，有人可能会说，既然乔布斯没有创造新的事物，都能取得这么大的成功，那我们如果绞尽脑汁创造一个全新的东西，是不是能取得更大的成功呢？

很可惜，这几乎是不可能的，而且有两个方面可以证明。

首先是历史记录。关心技术的人都知道，有一个学科最近非常出名，那就是科技史。根据科技史学专家的研究结果，我们可以得出这样一个结论：历史上几乎每一个重大发明，被广泛承认的发明者大都不是最先发明这样东西的人。

比如，第一个发明蒸汽机的人，不是瓦特，而是塞维利；第一个提出进化论的人，不是达尔文，而是华莱士；第一个申请电话专利的人，不是贝尔，而是格雷……如果一直这样列下去，这个名单几乎可以涵盖人类的每一项重大发明。

可以说，人类社会这种忽略首次发明者的现象，并非巧合：任何一个新事物出现后，想要持续存在下去，都必须得到可维持其存在的能量和信息，这包括当时的技术和人的观念、需求等。

例如，西蒙公司于1993年推出智能手机时，当时的技术环境根本无法将产品信息转化成市场需求的能量，而到了2007年苹果公司推出iPhone时，因为有了3G网络、多点触屏和低功耗高性能的CPU，手机完整的信息——能量通路打通了，所以iPhone取得了成功。

因此，可以说，乔布斯的伟大不在于他是不是发明者，而在于他能够看清一条条“信息—能量”的转化通路，并在环境成熟的时间点，将原有的信息重新组合。那些只善于天马行空的发明者，他们的发明往往由于过于超前，而无法在当时的环境中集结足够的能量，只能被当时的世界定义为一个不靠谱的想法。

此外，从现实的角度来看，发明一个全新的事物，本来就是不可能的，因为任何所谓的新事物都是由旧事物和旧信息组成的。

就像我们说过的，人是由细胞组成的，细胞是由蛋白质组成的，蛋白质是由氨基酸组成的，氨基酸是由碳、氢、氧、氮等原子组成的，原子是由更小的粒子组成的，而所有粒子都是由受限的能量组成的。组成上述一切的结构和方式就是信息，所以创新的本质就是：将现有的旧信息组合成新的信息，并为其提供维持存在的能量。

例如之前讲过的首饰店的故事，首饰店老板就是将首饰销售、圣诞节和天气保险三件旧的事物组合在一起，便创造了一个全新的产品。所以说，创新的方法其实非常简单，只需要以下几个步骤：

步骤1：找到一个目标领域，用本书的模型画出这个领域的位置地图。

步骤2：为地图中的每一个位置，画出现有的“信息—能量”通路。

步骤3：扩展这张地图，将相关联的信息和位置添加进来。

步骤 4：尝试着删除一些信息，看看能否产生新通路。

步骤 5：尝试着添加一些信息，看看能否产生新通路。

步骤 6：尝试着找到之前曾经存在的信息，重新添加进来，看看能否产生新的通路。

步骤 7：将新组成的信息和通路进行筛选，找出能量流动性最强，通路最为畅通的。

步骤 8：测试。

步骤 9：根据环境反馈的信息，进行调整。

上面的这些步骤就是一个完整的创新流程，这应该是你之前在任何地方都没见过的创新方法。当然，到目前为止，对大家来说，这个流程还有些问题，因为大家还没学完本书的创新模型。不过，不用着急，大家只要继续往后读，很快就可以掌握本书的模型及法则。你只要能熟练掌握这些，就能够利用它们完成自己的创新。

我们利用创新模型，创造出来的东西是什么呢？换句话说，一切创新的目标最终是要得到一个什么结果呢？答案就是算法。

算法这个词原本是一个编程术语，是指问题解决方案的准确而完整的描述，是一系列解决问题的清晰指令，代表着用系统的方法描述解决问题的策略机制。它本质上就是我们使用信息和能量的方法，而这种方法本身也是一组信息。

在现实中，人体内的基因就是一种算法，人的性格也是算法，市场经济是社会生产的算法，政治制度是权力运行的算法，语言、文化是社会形成的基础算法，互联网是信息社会的算法，核聚变是太阳的算法，大爆炸、膨胀、熵增、熵减是宇宙的算法……可以说一切事物都跟算法有关。

最重要的是，我们开始所说的效率法则，其实说的就是算法的效率。例如1492—1493年，哥伦布同时发现了南北美洲，而南美洲的自然资源远比北美洲丰富，可为什么后来北美洲产生了发达国家而南美洲却都是发展中国家呢?

这个问题的形成原因很多，最重要的原因是“算法”的区别。美国虽然没有南美洲那么丰富的金银铜铁等矿产资源，但它有一套在当时来说高效的政治制度。正是这套制度，让它用较少的资源创造了较多的能量，将南美洲远远甩到后面。

所以说，“算法”才是最重要的信息，无论是5G、6G、物联网、量子计算、量子通信、纳米技术、神经科学、脑机接口，还是我们现在正在学习的本书的理论知识，其实都是一套算法，它能帮助你用更高的效率实现自己的目标。

总结

这一章，我们介绍了乔布斯的创新虽然不是原创，却是比原创成功得多的创作，因为他是在环境最合适的时候，或重组或改进了之前存在的信息，并打通了能量转化的通路，才能一举获得成功。随后，我们为大家提出了成功创新的行动步骤，但这些步骤需要等大家看完本书之后才能使用。最后，我们告诉大家，其实一切创新的目标，都是创造一种特殊的信息，那就是算法；而算法，其实就是我们整个宇宙的运行法则。

第二部分

社会观

透析事物间本质关系

○ 法则 10

传播：信息扩散的四大要素

前面，说到了关于苹果公司创新的故事，现在，再讲一个关于苹果公司广告的故事。

经过多年的努力，1980 年苹果公司上市了。董事会追求的是企业利润，而乔布斯依然赌上公司的利润去搞新产品，最后的结果是，他被赶出了董事会。不过，不久之后，作为苹果灵魂人物的乔布斯又被请了回来。

重掌苹果后，乔布斯便用一条经典的广告，向世人宣告了自己的王者回归。这条经典的广告叫“Think Different”（不同凡响）。

广告中出现了一系列伟大又与众不同的人：毕加索、甘地、爱因斯坦、马丁·路德·金、鲍勃·迪伦、约翰·列侬、拳王阿里等。在这些人物出现时搭配了经典的旁白：

向那些疯狂的家伙们致敬，他们特立独行，他们桀骜不驯，他们挑战现实，他们格格不入，他们用与众不同的眼光看待事物，他们不喜欢墨守成规，他们也不愿安于现状。你可以赞美他们、引用他们、反对他们、质疑他们、颂扬或诋毁他们，但唯独不能漠视他们，因为他们改变了事物，他们推动人类向前发展。或许他们是别人眼里的疯子，但他们却是我们眼中的天才，因为只有那些疯狂到以为自己能够改变世界的人，才能真正地改变世界。

大家想想，观众们看了这个广告时首先会想到什么？首先，他们会想到这些人的故事，因为他们都是与众不同、桀骜不驯的名人，都在世人心中拥有深刻的印记。

之后呢，观众们会想起，乔布斯也是这么与众不同、桀骜不驯的人，苹果公司在他的带领下，必定能继续与众不同，重返巅峰。可以说，乔布斯在文案中提到的这些人，最终都是在注解他自己和他的苹果公司。

这个套路虽然不难理解，但观众在亲眼看到这则广告时，英雄的经历、画面、声音同时冲击他们的大脑，最终，这种强烈的刺激会转移到对苹果公司的欣赏。此后，他们在需要购买IT产品时，脑子里首先会想到苹果，这是一家很酷的公司，用了苹果公司的产品，自己就能成为一个很酷的人。

这一章，我们来说说“能量—信息”模块的最后一个关键词——传播。

在生物学领域，我们知道，生物本身的使命就是延续自身的信息——DNA，只要这组信息能有效地传播下去，生物往往可以以牺牲生命为代价。不过，即便如此，还是有很多物种的信息无法持续地传递下去，大量的物种在能量的竞争中败下阵来，最终走向灭绝。

在现实的人类社会中，信息的传播已经变得更加重要，因为大家知道，信息的复制成本很低，可一旦传播开来，则能产生巨大的能量。因此，付出很小的能量制造并传播信息，从而撬动很大的能量，这便是我们所说的效率法则。

那么在现在的人类社会中，我们如何才能高效地传播信息呢？

很多做市场营销的人，对这个问题一直很头痛，认为营销就是撞大运。其实不是这样，我们只要利用正确的思维方式，就可以很容易地做到高效的传播。这种传播方式可以归纳为以下四点：信息差异、心理阈值、反馈环和包装。

首先来看第一点信息差异。信息差异就是我们创造出来的信息，在别人的心里会造成多大的差异感，差异越大越容易吸引注意力。当然，其前提是，这种差异必须是真实的，否则传播将不能持续。不过我们可以为真实的信息换上不同的表述方式，它便会在人的心里引发不同级别的能量。

例如，你有一位女性朋友想去印度旅游，却有些担心那里的治安。你是说“女性在印度居住一年，被强奸的概率是0.0003%”，还是说“印度一年有25万女性遭到强奸”？这两种说法其实基于同一条数据，但在对方心中产生的效果确实差别很大。

当然，这只是一种表述的技巧，而我们需要的是制造出真正的差异，即创新。关于有效的创新方法，本书会在后面为大家介绍。

第二点是心理阈值。心理阈值就是在信息传播中，让接受者在心中接纳这条信息，甚至帮助传播信息的影响力门槛，下面是心理阈值的公式：

心理阈值 = 信息差异 × 信息源信誉 × 重复次数 × 情绪联结

在这个公式中，情绪联结是神经学术语，简单来说就是我们传播的信息不能过于理性，而应该尽量唤起接受者的本能情绪。

这里我们着重说一下“重复次数”，它是指同一条信息如果一个人只听到过一次，不会产生太深的印象，但随着他从不同的人口中重复听到这条信息，他的大脑便会对这条信息产生很强的神经联结，让他对这条信息产生路径依赖。一旦路径依赖形成，这个人就会将这条信息视为真理一样的存在，并进一步帮助传播这条信息。

重复次数的原理直接牵扯到我们的第三条重点：反馈环。反馈环是指，在一个圈子中，开始有几个人在说同一个信息，由于这几个人的重复传播，达到了其他人心理阈值，于是，其他人也开始参与传播，这样随着人数越来越多，重复次数越来越多，人们对这条信息的信赖程度就越来越高。更多的人达到心理阈值，反过来造成更多的重复，如此形成一个指数级增长的正向反馈，这是最高效的传播方式。

如何制造反馈环呢？最有效的方法，就是从小圈子开始，然后逐级放大。如果你一上来就在公众领域大范围传播的话，由于圈子太大，每个人重复接收这条信息的概率就会很低，很难造成反馈的效果。因此，你最开始可以选择一个比较小的圈子，这样便可以很快在圈内形成反馈环。

接着，你可以找几个这样的小圈子，但是这些小圈子同属于一个稍微大一点的圈子。当三四个这样的小圈子接受了这条信息后，它们就会在这个大圈子形成反馈，让更多小圈子形成反馈环。

以此类推，只需向上跨越三个级别的圈子，一条信息就会在全社会形成正向反馈，这时你就什么都不用管了，因为信息自己就会传播起来的。

需要注意的是，在一个小圈子中，我们需要选择的则是那些中心度最高的节点进行最初的传播。所谓的中心度，就是这个节点跟其他节点的连接数量。那些中心度高的节点，天生具备联系其他节点传播信息的欲望，你给他的信息，正好满足了他的欲望，这便是他个人的正反馈。

第四点是包装。现代社会的一个特点是，人们越来越看重一个事物的外表，所以包装的成本有时超过了商品本身。同理，我们要高效地传递一条信息，有时也要对信息进行包装。包装的原则是触发人们的情绪，给传播信息的人们提供一种心理奖励，从而加强信息的传播属性，这在心理学中叫作“刺激—反射原理”。

根据信息的特点，包装可以从下面几类中选择：

1. 话题性
2. 争议性
3. 娱乐性
4. 身份认同

哪怕是一个枯燥至极的信息，如果能用上面几种方式进行包装，也会变得极具传播性。关于信息传播的技巧，其实还有很多，我们会在本书后面的内容中再为大家介绍。

目前为止，我们围绕着信息介绍了获取、验证、算法和传播，可说来说去，我们到底要创造和传播什么样的信息，调动什么样的能量呢？要回答这个问题，就牵扯到信息和能量背后的存在，因为在我们的现实世界中，不可能永远只提到能量、信息这么抽象的事物。

本书的内容是控制现实世界的实用法则，因此本书之后的内容也会往更加实用、更加贴近现实的方向发展。那么说到现实世界，我们就要将能量和信息的组合，作为一种存在来看待，而要研究存在的事物，首先就要抓住事物的本质。下一章我们就来为大家介绍“存在—发展”模块的第一个关键词——本质。

总结

这一章，我们为大家介绍了“能量—信息”模块的最后一个关键词——传播，而在人类社会的传播行为中，我们应该注意四个重点：信息差异、心理阈值、反馈环和包装。

○ 法则 11

定位：把握本质的“属加种差”法

如何快速定位某事物在适当层级上的本质，从而解决相应问题呢？让我们先来看一个故事：

有一个奇怪的现象，世界综合国力最强的美国，治安却比很多国家都差，美国每年发生的一桩桩重大枪击事件，总是让其他国家感到震惊。近 10 年内，美国因枪击事件死亡的人数已达上万人，远超美军 10 年内参加战争的死亡人数。

相信很多人在看到这些新闻时，心中难免都会有一个疑问：为什么美国不禁枪呢？一个人云亦云的解释是：因为美国建国时起，宪法就赋予了人民持枪的权利。

实际上，美国不禁枪的背后，涉及美国政治的本质。美国为什么不禁枪呢？因为美国有一个组织叫作美国全国步枪协会。这个组织有 400 多万成员，每年有将近 3 亿美元的活动经费。

步枪协会内部有一个名单，将不支持禁枪的议员进行了一个排序，谁的态度更明显，影响更大，就给谁提供下一届的竞选资金。据统计，在美国参议院和众议院的535名议员中，有400多位曾直接或间接接受过这个组织的资金支持。

大家知道，美国的国会是立法机构，禁枪法案是否通过，完全由这几百个人说了算，因此要在美国禁枪，基本是遥遥无期了。从禁枪阻力这件事可以看出，美国政治的本质就是金钱。

在日常的学习、工作中，我们经常听人说：看事物，要抓住本质。然而，说这话的人往往不负责任，因为他们总是让你抓本质，却不告诉你怎么抓住事物的本质。在没有得到一套有效方法的情况下，多数人对本质的思考常常会结束在思考的路上。

现在我们就来将这套方法告诉大家，这样你们以后再遇到什么新鲜事物，就可以思路清晰地分析其本质了。那么，如何用最快的速度，看清楚事物的本质呢？简单来说，就是通过差异进行定位。

怎么进行差异定位呢？一般情况下，在给一个事物下定义的时候，我们会使用一种叫作“属加种差”的定义法，“属”就是该事物所属的上级类别，“种差”就是它跟同类别内其他事物的差异。例如人的定义是：能够使用语言和工具的灵长动物。在这个例子中，“属”就是灵长动物，“种差”是能够使用语言和工具，这就是属加种差法。

顺着“人”上级的属，我们还能继续挖掘人的本质：人的上级——灵长动物。灵长动物的定义是：大脑发达、手指灵活的哺乳动物。哺乳动物的定义是：恒温胎生、用乳汁哺育幼体的脊椎动物。脊椎动物的定义是：体形左右对称、有高度分化神经系统的脊索动物。脊索动物的定义是：具有脊索和背神经管的动物。动物的定义是：以有机物为食，能感觉，能自主运动的生物。生物的定义是：有动能、能遗传和变异的物体。物体的定义是：占有一定空间，且由物质构成的个体。那么物质又是什么呢？物质是被聚集在极小空间内的大量能量。

阐述到了这里，我们忽然发现，绕了半天，又回到能量上来了。这一过程是：人—灵长动物—哺乳动物—脊椎动物—脊索动物—动物—生物—物体—物质—能量。

如果用这种方式，对世界上所有事物都进行一次追本溯源，我们最后就会得到这样一张图纸，这是一张由一个中心点向外发散的网络图。在这张图中，所有的事物最终都会被追溯到能量或信息这两个点上，而它们最终的本质只有一个点——差异。

有兴趣的朋友可以试试画这么一张图，将自己感兴趣的事物全都画在这张图上，最终你会发现，你感兴趣的事，其实都是相关联的。

总结

这一章，我们给大家解释了美国不能禁枪的根本原因，并分析了美国政治的本质。由此我们为大家介绍了给事物下定义的方法：属加种差法，并演示了如何通过它挖掘事物的本质，如何画出世界的本质图。

○ 法则 12

欲望：理解他人行为的基础

前文说过，宇宙的重要法则之一是熵增法则。也就是说，一切事物的发展方向都是由存在走向消亡，由差异走向均衡，信息量由多向少。

与宇宙相反，地球的生物圈和人类社会都是熵减体，它们是由均衡走向差异，生命力不断加强，信息越来越复杂。

问题来了，宇宙大爆炸时，整个宇宙是一个熵增系统，并没有复杂的生命，也没有熵减体。那么在一个由熵增法则统治的宇宙当中，怎么会突然出现了地球这样的熵减体，而且这个熵减体还能维持下来，一步步发展出今天人类社会的文化和科技这些超级复杂的信息？这背后的原理是什么呢？

要回答这个问题，必须先回答另一个问题：什么是生命？我们之前说过，生命是跟熵增法则对抗的负熵体，生命想要保持自身的差异，维持自己的存在，就必须不断地获取能量，并高效地利用这些能量产生信息。例如通过遗传复制 DNA，通过科技让自身更加强大。

那么该如何定义生命呢？这需要先来追溯一下生命的起源：地球能够产生生命，一个重要的原因是有一个理想的环境，碳、氢、氧、氮这些化学元素，以一定浓度、一定比例存在于大气层中。

这四种元素都很重要，其中最重要的是碳元素。我们知道，含碳的化合物叫有机物，而一切生命的基本组件都要由脂肪、氨基酸、蛋白质、糖、血红素、叶绿素、酶、荷尔蒙等有机物组成。

为什么必须要有碳元素呢？因为碳原子核的最外层有4个电子，这就造成了两个巨大的优势：

一方面，有机物大多不会被水溶解（化学术语叫电离），反而可以以水为媒介，实现强大的流动性。

另一方面，碳元素在化学反应中既可以失电子，也可以得电子，算法非常灵活，因此它成了各种元素中的“交际花”，可以联合各种元素，组成越来越大的分子，从最小的甲烷，到葡萄糖，到脂肪、氨基酸、蛋白质、DNA这样的超级大分子。

一旦有机会，碳元素就会这样做，会以最高的效率拉拢周围的资源，利用周围的能量，让自己变得越来越复杂，能量也越来越大。信息越复杂，能量越大，它就越想变得更大、更复杂，这种正向反馈环从形成那天起，就像一个快速的旋涡，让有机物组合进化成DNA、蛋白质，蛋白质组成了原核细胞。原核细胞吞噬了线粒体变成真核细胞，真核细胞们合体组成了植物、动物、复杂的大脑神经网，最终诞生了今天的人类。

那么推动这个反馈环运作的动力是什么呢？答案是欲望。

一切生命、一切负熵体产生的必要条件就是欲望，存在的欲望。因为如果没有强烈的求生欲，主动地获取能量，发展自身，是不可能对抗统治宇宙的强大法则——熵增法则的。

欲望是驱动地球生态运转的动力，是推动人类社会发展的动力，是越大越强的反馈旋涡。我们甚至可以直接用欲望衡量一个人存在有多强大。

例如人的欲望就比老虎的大，老虎吃饱了，就不想下周吃什么了；而人吃饱了，还会思考储存更多的食物，食物够多了，就想吃得更好，营养更均衡。除了吃，人类还追求生产更高效，居住更舒适，物质更丰富，更多的金钱、权力、名誉、爱情。总之，跟老虎相比，人类的欲望简直是无穷无尽的。

到这里，我们就可以用属加种差法，为生命的本质下定义了。生命是一种物体，它跟其他物体的差异是：具有欲望。所以生命的定义就是：具有欲望的物体。

然而，仅仅有欲望就够了吗？回到人与老虎对比的例子，人的欲望虽然比老虎的欲望大，但归根结底，都是对于存在的欲望，因为差异即存在，人想要更多，其实就是在增加自己的差异，从而体验更强的存在感。

不过，如果人类或老虎只有欲望，他（它）们的行动就会以欲望为唯一的依据。但现实中显然不是这样，因为老虎欲望再大，也不会去吃大象；人的欲望再大，也不会毫无顾忌地烧杀抢掠。阻止他（它）们这么做的是什么呢？依然是存在的欲望，但这样的欲望是以恐惧的形式出现的，也就是对惩罚、对死亡的恐惧。

可见，恐惧是欲望的缰绳，将欲望限制在合理的范围，一个生命有多大的欲望，就有多大的恐惧。

由此可见，如果我们想预测一个生命的行为，只需要知道两件事，就是其欲望和恐惧。换句话说，欲望和恐惧的合力，就是一个人行动的方向。

所以说，要掌握一个人，就要了解他想要什么和不想要什么。不过，在实践操作中，情况要更加复杂一些，因为人跟老虎不一样，老虎的大脑比较简单，比人脑少了一块叫作“前额叶皮质”的组织，而这块组织是负责理性思维与自我意识的区域。

神经科学家们通过核磁共振扫描，得出了一项惊人的结论：每个人的大脑中，其实都住着两个“人”，而且这两个“人”几乎不沟通；一个“人”知道另一个“人”的存在，想跟那个“人”沟通，但是那个“人”根本意识不到还有一个“人”

的存在。

这话听起来有点绕，我们可以把脑中的一个人叫作“感性脑”，另一个人叫作“理性脑”。感性脑是一个贴近动物祖先的人，就像那只头脑简单的老虎；理性脑则是一个智慧超群、高瞻远瞩的人。这两个人共享着我们的意识，感性脑用得多一些，理性脑则相应少一些。

举个很多人都经历过的例子，上学时某次考试成绩不理想，于是暗下决心从明天开始努力学习，为此还制订了各种学习计划，甚至多长时间提高多少分都设想好了。

然而，到了第二天，昨天下的决心就忘记了。上课时，旁边的同学传来纸条，你不自觉地就放弃了听课，把注意力转向了同学。放学后，关系好的同学喊你去他家玩游戏机，你想也不想就到他家大战了300回合。

晚上回到家，吃完饭，刚坐到书桌前，一股困意袭来，你心想先小憩一下再学，结果一闭眼一睁眼，墙上的挂钟已经指到11点30分了。你想今天就这样吧，从明天开始，努力学习，严格执行学习计划。这样的日子就此一天一天循环下去，你的学习计划早就忘得无影无踪了。

人为什么会如此矛盾呢？有人会说这是自制力不行，其实正确的说法应该是，理性脑制服不了感性脑，即前额叶皮质输给了边缘系统。

这两者拥有两套不同的欲望和恐惧。理性脑是高瞻远瞩的，为了长远的利益，统一短期的计划与行为，它有很多不同的欲望：学业、事业、健康、责任、金钱、权力、名誉，自我实现或是为了自己爱的人。感性脑只在乎当下的感受与享乐，逃避责任和现实，它的欲望往往十分简单：食欲、性欲、轻松、快乐。正是这种所见即所得的欲望，可以给我们即时的奖励，奖励的正反馈开启后，感性脑就永远地占了上风。成功的人，不是战胜了世界，而是战胜了另一个自己。

如果我们想要预测别人的行为，就要首先知道他在什么场景，使用的是哪个脑。如果是理性脑，我们就要了解他的欲望和恐惧；如果是感性脑，我们要做的就是利用人的本能，设计一套有效的奖励系统，让他乖乖听从你的安排。这就是现在流行的行为设计学，很多互联网企业都在使用这套方法设计用户的行为。

总结

这一章，我们向大家介绍了生命的起源与其发展下去的动力，接下来我们为生命下了定义：具有欲望的物体。最后，我们具体分析了人的两个脑和它们各自的欲望与恐惧。

○ 法则 13

位置：把握信息和能量的聚集点

找到自身合适的发展定位，是成功的必要因素。

先讲个故事：

有一对大学情侣，两个人都喜欢喝奶茶，二人的感情也是从一杯奶茶结缘的。毕业后，两个人决定一起开一家奶茶店。

奶茶店开业了，位置在一条非常具有文化气息的商业街上。因为喜欢，所以充满激情，奶茶店的生意很好，顾客对奶茶的口味纷纷给出好评。两年后，两人在其他商业街上又开了两家分店，客人依然络绎不绝。

随着生意的扩张，二人变得越来越忙，感情渐渐出现了裂痕，最后二人决定分手。分手时，男孩将 3 家奶茶店留给了女孩，准备自己从头开始；他向女孩承诺，绝不在任何一条商业街开店，与女孩形成竞争。女孩感谢男孩的慷慨，二人好合好散。

分手后男孩非常失落，爱情没了，奶茶店也没了，他对未来一片迷茫。沉寂了一段时间后，男孩走出家门，决定重新开始他的奶茶生意。

考察了一些不错的商铺，其中几处各方面条件跟他的设想相符，唯一的问题是它们都坐落在商业街上。当初和女孩分手时自己曾承诺，不会在商业街开店。

一边是承诺，一边是商机，他应该如何选择呢？犹豫再三，他还是决定放弃这几处店铺。虽然跟女孩的爱情没了，但他还是希望信守当初的承诺。

沉寂了几天后，男孩去参加高中同学聚会。在聚会中，他将自己的苦恼告诉了一个同学。几天后，同学给他打电话，说他们公司新开的超市正在招商，问他愿不愿意把奶茶店开在超市里。

男孩随即考察了超市的情况，结果令他非常失望，超市能给他的面积很小，周围的环境也很嘈杂，根本无法呈现出之前广受好评的文艺气息。但如果放弃，眼下也找不到更合适的店铺。于是他接受了超市的合同，决定试一试。

筹备新的奶茶店时，男孩犯难了。虽然此前开过3家奶茶店，但之前3家店铺，从装修设计到店铺风格，再到产品设计、宣传，都来自女孩。现在离开了女孩，男孩根本不知道该怎么做。

因为自己没有想法，男孩只能按照这家超市的整体风格，设计了自己的店面，不仅如此他还在宣传文案、主题、定价、受众等各个方面，尽量迎合、融入超市的整体战略。

幸运的是，男孩进入的这家超市，虽然是一家新创的品牌，但管理层很有能力，也很有想法。这家超市以其独到的经营模式一炮而红，众多资本争相为其投资，连续几年都保持着 3 位数的扩张速度。

因为男孩的奶茶店是完全按照这家超市的风格设计的，而且他还成立了一个专门的部门，用于对接超市的商务及管理人员，处理与超市相关的各项事务，所以当初那些最先进入超市的商户，随着超市品牌的日益火爆，也换了大半，只有男孩的奶茶店，不但没被超市抛弃，相反，超市每开一家连锁店，就会雷打不动地为男孩保留一家商铺。

那个聪明能干的女孩，开始生意确实很好。生意好是因为商业街人流大，而人流量变大以后，商业街便开始投资翻修，打造文化品牌，结果自然是租金节节攀升。要知道，一家奶茶店，就算生意再好，销售规模也是有限的。最后，利润上涨的速度，终于还是赶不上租金攀升的速度，女孩不得不关掉了 3 家奶茶店，考虑重新创业。

讲到这里，大家可以重新审视一下这个故事，造成两人的奶茶店不同命运的背后原理是什么呢？答案是位置。

然而，我们这里所说的位置，并不是开奶茶店的地址，而是一个更加抽象、更加本质的概念，它也是本书的第三个关键词。

在“法则3”中，我提到过4位大学毕业生进了同一家公司。两年后，是那位对所有部门都感兴趣的员工，晋升幅度最大。

为什么呢？当时我们说是因为他在公司中掌握了更多的信息，拥有更多的关系和资源。其实如果换个更本质的解释，会更加简单明了，那就是位置。

大家想想他所处的位置：在各个部门之间，起着连接作用。处在这样的位置，好处自然不少。

首先，能量要想发挥作用就必须流动起来，而一个公司的能量和信息不能只在各部门内部流动，还需要在部门之间顺畅地流动。这时，那些在部门之间流动的能量和信息，就必须要经过部门间的连接点，因此这个连接点就会变得越来越强大，越来越重要。

其次，在一个系统中，那些连接更多的点，地位就会更牢固。就像钻石和石墨，同样的物质，只是碳原子的连接方式不同，硬度就有天壤之别。

反观跟他同时进入公司的另外三个人，他们在自己的岗位干得再专业，再努力，都有可能被更专业，更努力的人所取代，这不是他们干得不好，而是位置本身决定的。

因此，外界对一个人的评价，其实并不取决于这个人自己，而是取决于这个人所处的位置。

既然位置这么重要，那说了半天，位置到底是什么呢？位置其实是一个相对的概念，因为它是无法独立存在的。要确定一个事物的位置，就是要列出与它连接的事物，而这些连接就是它的位置。

此外，还有一种特殊的连接，那就是这个事物所属的上级系统，这是一个事物在存在之初，就要慎重选择的。

回到文章开头的那个故事。男孩和女孩的奶茶店，之所以会有如此不同的命运，正是因为这个道理。男孩虽然没有什么能力，头脑也没有女孩灵活，但他选择了一个正确的生态系统，并紧紧地依附于这个系统。随着系统的扩张，他自己毫不费力地坐享其成，壮大了自己。

女孩虽然个体上比男孩有优势，但她选择了一个并不适合自己生存的系统，也没有随着系统做出调整。换句话说，错误的自身定位早已决定了她的结局。

位置十分重要，一个事物之所以存在，是因为它有能力在世界中占据一个属于自己的位置，对世界来说，这就是它存在的意义和价值。反之，当对世界不再有意义和价值时，它就要让出这个位置，走向消亡。

因此，找到自身合适的发展定位是必要的成功与生存因素。奶茶店尚且如此，作为一个社会人，我们在挑选位置时就必须更加慎重。

任何事物都不是独立存在的，因此想更加透彻地理解事物存在，就必须同时了解它在世界中的位置。位置会让一个人身不由己，当我们陷入一个位置无法逃脱的时候，命运就不再由我们自己掌控了。之前我们说过，做正确的事，比正确地做事重要，而做正确的事，其实就等于在找一个有利的位置。

当今世界上那些真正的厉害角色，就是为自己找到了很好的位置，这些位置有一个共同的特点，就是不用直接与外界的事物发生连接，而是通过设计好的渠道间接和它们发生关系。也就是说，要做隐形控制者。因为无论是政治家，还是跨国公司的CEO，只要位置定了下来，时间和自由就不再属于你了，越是位高权重，周围的大小事务也会越多，多到你连静下心来好好思考的时间都没有。

当然，作为普通人来说，做隐形控制者还不太现实。不过，越是这样，就越不能盲目地将自己放进一个位置，而是要分析好这个位置与周围事物的能量关系，理性地做出决定。

总结

这一章，我们先为大家讲了开奶茶店的故事，并分析了导致它们不同结局的决定因素—— 位置。之后我们为大家解析了位置的概念及特性。最后，我们向大家指出理性选择位置的重要性，告诫大家不要轻易让自己陷入不利的位置。

○ 法则 14

连接：挑选好位置的四要素分析法

位置是成功的必要因素，怎么才能找到一个好位置呢？我们先看一个故事：

美国有一个叫克拉克的销售员，他曾经几次创业，但都以失败告终。后来，他开始向各种小型餐厅推销一种多功能奶昔机，订单时有时无，销量不太理想。

突然有一天，他接到了一通电话，一个远在加利福尼亚州的小餐厅竟然一次订购了 8 台奶昔机。对当时的小型快餐店来说，这个数量简直不可思议。

克拉克决定亲自送货，看一看这家餐厅的情况。餐厅的老板是兄弟二人，他们热情地接待了克拉克，并带他参观了包括后厨在内的整间餐厅。

此时克拉克发现，这果然是一家神奇的餐厅，他们通过一系列的流程优化，竟然将传统餐厅 30 分钟的等餐时间，缩短到了 30 秒，大大提高了快餐店的运营效率。

于是，克拉克当即向身为老板的兄弟二人提出，自己想要获得这家餐厅的特许经营权，他要让这家餐厅开遍全美国的每一个城市。

不过，兄弟俩并未被克拉克的野心打动，他们拒绝了克拉克的提议，理由是自己只想开一家让邻居们满意的小店。

听到这样的答复，克拉克没有放弃，他急中生智，发挥自己数十年的销售功力，说出了一段经典的话：“这么多年来，我到过许多小镇，这些镇上一般都有两样东西：一个是教堂，一个是法院。教堂的房顶一般会有一个十字架，法院的房顶上则飘着美国国旗，国旗、十字架，它们是干什么用的呢？它们的使命就是将人心聚集起来，让他们在美国价值观的护佑下，安居乐业。

“当我看到你们餐厅门口的金色拱门时，我产生了一样的心情，我想它绝不仅仅代表好吃的汉堡，它还象征了我们的社区、家庭、一家人在一起欢度的美好时光，甚至还象征了美国人的生活方式。如果你们不想为自己扩张这家餐厅，那就为了国家答应我的请求吧！”

兄弟俩被这番话深深打动，决定将特许经营权交给克拉克。

拿到特许经营权的克拉克并没有急于扩张，因为他手里根本没有用于扩张的资金，他开始四处寻找加盟合作者，希望借助他们的力量，扩大自己的生意。一开始他的进展并不顺利，但经过一段时间的摸索，再加上一个叫哈里·索伯恩的人的建议，他设计了一种能够快速发展的盈利模式：

首先将自己家的房产抵押，并用这笔钱购买商业地产，再将商业地产加价打包进加盟金中，租给餐厅的加盟商。然后他再次把商业地产抵押给银行，用于购买新的商业地产，如此往复操作。

在一系列财务杠杆和商业模式的运作下，克拉克的加盟餐厅迅速开遍了美国各地的大街小巷。由于加盟店数量的增加，餐厅的品牌价值水涨船高，很多商业街甚至愿意自降房价邀请他的餐厅入驻，加盟者们也愿意付出越来越高的租金加盟他的餐厅。

到了今天，这家餐厅已经在全世界拥有了将近 4 万家分店。克拉克也成功地用开餐厅的方式，升级为名副其实的地产大亨。

讲到这里，也许大家已经知道，故事中的餐厅就是麦当劳。而餐厅真正的创始人麦当劳兄弟，后来和克拉克反目成仇，失去了和麦当劳的关系。

之前我们说过，做正确的事，比正确地做事重要。做正确的事，其实就等于在找一个好位置。什么样的位置才是好位置，又如何为自己找到一个好位置呢？

一个事物的位置是由它和其他事物的连接关系决定的，那么在现实世界中，具体都有哪些连接关系呢？宏观上，我们可以把连接关系分为四类：

第一类是环境，也就是位置所处的上级系统。拿上面麦当劳的例子来说，作为一家餐厅，麦当劳所处的上级系统就是餐饮行业。餐饮行业最大的好处就是，行业本身非常稳定，因为它是在满足人们最基本的需求。正是因为这一点，造成了餐饮业最大的劣势——竞争过于激烈。

因此，麦当劳的成功之处就在于，在一只脚站稳餐饮业的前提下，它又将另一只脚迈进了地产行业，打造出了一个跨系统的商业模式。

虽然地产业和餐饮业同样属于环境稳定、竞争非常激烈的行业，但这种横跨两个行业的商业模式，在当年那个时代，竞争对手就少之又少了。因此，麦当劳的特殊位置，造就了它稳定性加倍、竞争却大幅缩小的效果。当然，在本质上，这也是差异的力量。

位置的第二类和第三类连接，分别是上游和下游。上游就是为你输送能量的事物，下游就是你所输出能量的接收者。

因此，这里所说的上下游，与大家熟悉的供应链的上下游是相反的，即客户、加盟商是你的上游，而供应商才是你的下游。

在麦当劳这个故事中，克拉克不但为自己找到了一个好位置，同时他还创造了一个新位置——加盟商，并借助这个位置的连接，成全了自己跨系统的位置。

加盟商无疑是给麦当劳输送能量的上游，他们不但要将卖汉堡的收入分成给麦当劳，还要以加盟费的方式，支付麦当劳的高价房租。正是他们的存在，麦当劳才让地产开发商成了自己的下游。

除此之外，麦当劳的上游还包括餐饮产品的用餐者，下游肯定还包括食品原材料的供应商、农场、牧场等。正是这些事物和麦当劳连接在了一起，才确定了麦当劳的最终位置。

好的位置一旦出现，自然就会吸引目光。因此，第四类连接就是竞争者，麦当劳这种餐饮 + 地产的位置，到今天已经成为一种比较成熟的商业模式。即便如此，麦当劳还是凭借创新与管理保持了自己的先发优势。在这个模式中，它始终是经营最成功、规模最大的公司。

环境、上游、下游、竞争者，对以上四点进行的分析，就是寻找好位置的四要素分析法。

看了麦当劳的故事，我们再看一下另外一个例子。2009年，成立 7 个月的高朋网（Groupon）就实现了盈利，并且融资 1.4 亿美金。受到高朋网的带动，那些紧盯美国模式的风险投资和中国创业者纷纷开始扎入团购领域。

2011 年，随着风险投资的疯狂追捧，中国大陆市场的团购网站瞬间超过了 5000 家。可仅仅一年的时间过去，这一数字就降到 1000 以下了。

这就是中国互联网圈著名的千团大战。与互联网其他领域一样，千团大战的结局，还是只能剩下几个巨头，其他人全部沦为炮灰。

2011 年底，阿里巴巴正式宣布加入千团大战，推出聚划算，凭借强大的实力，一举拿下了千团大战的半个江湖。剩下的半个是谁？答案是美团。

美团如何能在惨烈的千团大战中活下来，并与阿里巴巴分庭抗礼呢？答案是王兴的位置看得准。

千团大战刚开始时，所有的团购网站都是以地区服务的商户为中心，帮他们开展团购业务。可是没多久，大家同时发现，做地区服务效率太低了，相比之下，实物商品的团购不受地理位置的限制，流量大又有利润。于是，大家纷纷转向商品团购，销售业绩飞速提升，整个行业欣欣向荣。

可就在如此美好的时代，美团创始人王兴却做出了惊人的决定：绝不涉足商品团购，继续坚守本地服务。于是，美团的业绩增长落后了其他对手一大截，美团员工的士气低落，私下里还有人议论老板目光短浅。

当时，不知有多少合作伙伴和员工劝过王兴开展商品团购的业务，可他还是一意孤行，坚持己见。

王兴的坚持是为什么呢？其实很简单，因为王兴把整个行业的位置关系看得很清楚。从位置上看，商品团购的上级系统是电商，它的竞争者是谁呢？是阿里巴巴。大家平时做互联网最怕的不是没有流量，而是有了流量后，被阿里巴巴和腾讯盯上了。

这一次的千团大战，这些团购网站不但不怕阿里巴巴复制它们，反而跟人家抢位置，这不是主动“送死”吗？因此，当对手们纷纷转战商品市场时，王兴其实是在暗暗地等待着阿里巴巴出手，帮他干掉所有对手，自己便能在地区服务领域成为垄断者。最后的结果，确如王兴判断的那样。

大家想想，世界上什么事最高效？就是什么也不用做，别人帮你把事都做了，你在家躺着赚钱。怎么才能做到呢？你只需找一个这样的位置，剩下的就交给环境来处理。

这场千团大战，还催生出一个更加经典的案例，那就是拼多多。为什么说拼多多的案例更经典呢？因为在这里，拼多多比美团更善于利用位置，这个故事留到后面再讲。

现在先来用本书理论分析一下美团的位置：

1. 美团身处的环境：餐饮及服务业坐商。

2. 为美团提供能量的上游：各地区附近的食客及本地生活服务的用户。

3. 美团会将这些用户的需求导流到下游的餐厅酒吧、美容美发、KTV、按摩保健、SPA、健身运动、洗浴温泉等地区性商户。

4. 和美团争夺同一市场的竞争者：开始有 5000 家，后来大部分被阿里巴巴挤掉，只剩下寥寥几家公司。

另外，一个好位置除了以上 4 个要素，还需要拥有两个重要的特点。下一章，我们将为大家介绍好位置的特点之一——量级。

总结

这一章，先给大家讲了麦当劳的故事，并由此引出了位置分析的方法，就是找出一个事物所处的环境、能量流经的上下游及竞争者。随后我们引入了美团网及其 5000 个对手的案例。

○ 法则 15

量级：用高门槛摆脱竞争者

每个时代总有一群时代的精英与创新者，他们靠着先于常人的思想与行动推动着社会的发展与变迁。例如世界上第一台发电机的创造者法拉第，“互联网之父”蒂姆·伯纳斯，iPhone 智能手机的创始人乔布斯。

谈及当今这个时代的精英与创新者，除了乔布斯之外，被人讨论最多的当属马斯克了，而且很多人总喜欢把两个人放在一起谈论。其实，马斯克与乔布斯有着很大的区别：人们对乔布斯的评价基本是一致的赞誉，而对马斯克的评价则是两极分化，要么把他封为神一样的人物，要么将他贬得一文不值，甚至说他是个商业骗子。值得注意的是，那些贬低马斯克的人，大多都是一些科学领域的专家教授。

马斯克为什么会招来专业人士的批评呢？举个例子，马斯克曾提出“星链”计划，预计于 2019 至 2024 年，在太空搭建由约 1.2 万颗卫星组成的“星链”网络，在全球范围内提供低成本的互联网连接服务。

这项计划能否成功呢？答案是不能。只要从能量与信息的角度进行一下分析，就能得出这个结论。

首先，任何一种无线通信技术，在接收信号时，都需要保证信噪比，也就是信号的能量和噪音的能量之比达到一个基本门槛。通过面积公式，我们可以知道，信号的能量和传输距离的平方成反比，马斯克的卫星离地面最近的也有500千米，是4G基站的上百倍，也就是说信号只有4G的几万分之一。

另外，卫星的能量来自太阳能，因此无法通过供电，加大发射功率，所以单个卫星的信息传输量远远小于单个基站。

那么总量呢？马斯克计划发射1.2万颗卫星，而目前全世界总共有将近600万个4G基站。显然，如果用“星链”提供互联网服务，我们就要退回2G的网速水平，发发短信，看看简单的网页就算不错了，想要达到4G的上网体验，基本就不用想了。

有人说马斯克是“三流的技术，二流的财务，一流的营销”。其实，上面这个案例只是一个缩影，自从马斯克成名以来，类似的问题就一直环绕着他，甚至有人统计，马斯克的公司在资本市场，每年都是被基金做空次数最多的公司。

那么马斯克到底是不是一个商业骗子呢？当然不是。马斯克有没有粉丝们说的那么伟大呢？客观地说，马斯克虽然远远达不到封神的程度；但他的确是一个伟大的人物。他虽然说过一些不靠谱的话，做了一些不靠谱的事，但客观上讲，他依然是一个伟大的人，因为他一言一行的背后，其实都有着一套完整的方案和规划，这些方案和规划远远超越常人。

马斯克的宏伟规划到底是什么？从本书的角度来看，马斯克最大的差异，可以概括为两个词：量级和方向。

先说说量级。我们之前说过，一个人的成就高低，不单取决于他的能力，更重要的是在于他给自己选择的位置；只要你找到一个好位置，并能占住这个位置，那么整个环境就能推着你前往一个更好的方向。

反之，如果你选择了一个错误的位置，之后不但可能随着环境衰落，更重要的是，当你意识到问题且想要换个位置时，你很可能已经被周围连接的事物牢牢缠住，陷入无法自拔的境地。

因此，那些刚刚大学毕业的人，或者现在还没有在某个位置陷入过深的人，一定要在选择位置前，用尽智慧，多加思考。因为位置的选择，是再谨慎都不为过的大事。

那么什么样的位置才是一个好的位置？这一章与下一章我们将介绍几个重要的因素，给大家提供判断的依据。

首先，一个好位置必须兼顾环境的量级和竞争者的数量这两项指标。什么意思呢？在大多数人的直觉中，量级越大的事，难度也就越大，比如我们拿 1000 倍作为两个量级的差异，那么前者做 10 万元的生意和后者做 1 个亿的生意，就是两个量级的事，后者的难度肯定比前者大。

事实上，这两者的难度并不是等比放大的关系，就是说如果 10 万元的生意难度是 10，而一个亿的生意，难度则远远达不到一亿，最多也就是 50 到 100 之间。

最有趣的是，随着量级的逐级提高，最后难度反而会出现下降的情况。原因是量级太高的事根本没人敢想，更没人敢做，所以这个位置就没有竞争者。你只需要声明我要占据这个位置，大家就会抱着惊奇的眼光看着你在这个位置站稳，但是没有人想跟你争。

马斯克的成功之处就在这里，他做的事都是量级极大的事。比如特斯拉的目标：让燃油汽车成为历史；太阳城（Solar City）的目标：让清洁能源取代一切化石能源；无聊公司（Boring）的目标：建立地下真空交通网，列车时速 1200 千米；太空探索技术公司（Space X）的目标：将人类送往火星；神经科学公司（Neuro Link）的目标：让人类和 AI 合为一体，完成物种的进化。

大家看看，这里面的每一件事，都是一般人一辈子都不会去想的，而他却要同时做好多个，为什么呢？因为他选择的这些位置有两个共同的优势：一是没有竞争者，他唯一的竞争对手就是他自己，也就是努力将自己吹过的牛变成现实。

二是这些位置的差异太大了，所以会吸引很多人的注意，而这些人中，就不乏一些世界顶级的科技人才和商业人才。因为是顶级的人才，自然个个不甘平庸。看到马斯克有这么不平庸的平台，很多人就会争先恐后来找他合作，或者给他投资。

因此，马斯克的成功之处就在于，他选择了做人类能力范围内量级最高的事，并用这个办法同时解决了竞争对手与合作伙伴的问题。

马斯克另一个成功的地方，是他的方向性很强，并且能够利用递归的思维方式，将事业聚焦在他原本的方向上。

在大多数人心中，马斯克应该是一个朝三暮四的人，因为他同时在兼顾好几家公司的运行，而且这些公司各自都身处不同的行业，又怎么能谈得上聚焦呢?

其实，大家看到的只是表面现象，事实上，马斯克这些貌似不同行业的公司，对他来说，都处在一个行业，而且相互之间联系紧密。是什么行业呢? 答案是征服宇宙。大家注意，这里说的宇宙可不是比喻性的宇宙，而是真真实实的包含无数星系的宇宙。

2016 年 9 月 28 日，马斯克在国际宇航员大会上发表了一次惊人的演讲，题目就叫《让人类成为一个跨星球物种》。在这次演讲中，马斯克向大家阐述了人类未来会遇到的问题及其终极的解决方案：征服更多的星球，而这个方案的第一步就是先“送100万人去征服火星”。

大家听到这里，肯定认为马斯克又在忽悠人了，或者他心血来潮想到一个点子要引人关注。其实真正了解马斯克的人，一定不会这么说的，因为从2001年开始，“征服火星”就是马斯克在公开演讲中重复最多的一个主题，而且他之后所做的一切工作，都是围绕这件事的准备工作。

那么马斯克是如何为这件听起来就极不靠谱的事做准备的呢？这就要用到我们刚才提过的递归思维了。

何谓递归思维？学过编程的人都知道，递归其实是一种计算机算法，说白了就是一种用逆向思维解决问题的算法。以“征服火星”这个方向进行递归思维：要让100万人征服火星，首先就要将他们送到火星上。

马斯克经过调研发现，以现在的航天技术是可以将人类送上火星的，而唯一的制约因素就是钱。多少钱呢？一位乘客100亿美元，100万人就是10^{18}美元，这个数字已经远远超过全世界的财富总量。

马斯克第一步要做的就是降低成本。降到多少合适？经过测算，50万美元是最合适的数字，也就是说要降低到2万分之一。数字虽然很夸张，但至少已经将一个空虚的方向递归到一个实在的数字上了。

继续递归，马斯克设计了一个三级的递归路径以实现巨幅降价，那就是：100 × 20 × 10=20000。

第一级，将成本削减 99%，方案就是解决火箭发射后的回收技术，做成能够重复利用的火箭；第二级，削减 95%，方案是研发猛禽发动机，加大火箭的运载能力，让乘客人数从 5 人提高到 100 人；第三级，再削减 90%，方案是自己生产制造火箭所需的所有零件。以上这些，正是太空探索技术公司十几年来一直在做的事，而且他们已经取得了一定的成果。

接下来再回到递归的起点，征服火星除了人力资源——即把人送到上面，还需要物力资源，而最主要的物力资源当然就是能量。问题是火星上几乎没有氧气和水，所以不能燃烧石油和煤炭，也不能使用核能。

那么能量从哪来呢？可以使用高效的电池和太阳能技术。这就是特斯拉和太阳城这两家公司十几年来正在努力的方向。此外，为特斯拉造车的机器人也是建设火星基地的解决方案。

接下来的问题是，在火星上，人们怎么解决交通问题呢？答案是通过地下隧道，而这就是无聊公司的研发方向。

人力、物力、交通都解决了，通信的问题怎么办呢？答案是通过卫星通信。相信有些读者已经想到了，本章开篇时说过马斯克的“星链”计划根本无法提供有效的互联网服务，那他为什么还要干这件事呢？其实他只是在找一个借口，能名正言顺地发射上万颗卫星，而背后的真正目的是，用卫星占领近地轨道，为他的火星计划提供技术支撑。

到这里相信大家已经看明白了，马斯克确实说过很多不靠谱的话，也做了一些看似不靠谱的事。但这一切的背后，其实都围绕着他 20 年来不变的一个核心方向。

所以说，无论马斯克最终能否成功让人类实现征服宇宙的理想，他都称得上是一个伟大的人。因为他一个人同时选择了好几个人类社会最高量级的位置，以及一个远远超越人类社会量级的方向。

仅仅这一点，已经让他同时取得了现实的成功和精神上的成功，而且他也确实通过自己的努力，推动了人类社会的发展。所以说，无论马斯克说过什么不靠谱的话，他都称得上是一个伟大的人。

马斯克的故事就讲到这里。下一章我们将为大家介绍好位置的另一个要素：结构洞。

总结

这一章通过马斯克的商业案例告诉大家，一个人想要成功，前提就是先找到正确的位置和方向。而位置的环境量级和竞争程度，是重要的参考因素，请不要让环境的量级限制你的发展。通过马斯克的案例我们还知道，再缥缈的方向，都可以通过递归的思维找到脚踏实地的行动道路。

法则 16

结构洞：填补各“圈子”间的空隙

建立“连接”是商业发展的最好方式，该怎么建立连接呢？我们先来看一个故事：

他曾是美国最有权势的人，有人说他当时拥有半个美国，因为他控制着美国大约 40% 的企业资产，这个传奇人物就是摩根。

摩根是历史上最为成功的金融家之一，今天世界 500 强中，至少有十多家公司，要么是他一手创办的，要么就是被他推动改造的。更重要的是，现代金融世界运行的方式和逻辑，至今仍在沿用摩根的模式。

那么摩根使用的究竟是一种什么样的模式呢？答案非常简单，那就是连接。

1912 年，美国国会针对摩根金钱帝国的垄断行为展开调查，并且举行了听证会。听证会上，法官的一段话，说明了摩根通过建立连接的方式，将自己的生意做到了什么程度。这段话的大意是：铁路公司的董事摩根先生，指示铁路公司向 J. P. 摩根公司出售一批债券。

J. P. 摩根公司向摩根先生担任董事的信贷公司贷款，拿到钱去购买债券。

J. P. 摩根公司把债券卖给摩根先生担任董事的人寿保险公司。

铁路公司利用发行债券获得的资金，从摩根先生担任董事的钢铁公司购买钢轨。

钢铁公司再利用销售钢轨获得的收益，从摩根先生担任董事的通用电气公司购买电力服务……如此往复。

大家数数，这段话里出现了多少次“摩根先生”？而其中的每一个“摩根先生”，都在这段话中起着承上启下的作用，将其他所有名词连接了起来。这些名词包括：银行、钢铁公司、铁路公司、电气电力公司、保险公司、信贷公司等。

在这个生态系统中，资金、产品和服务，交换来交换去，形成了一个完整的闭环。外部客户的资金一旦进入这个闭环，就很难离开了。

除此之外，摩根的成功还在于，他连接了英国与美国的金融系统，让罗斯柴尔德家族及其他英国投资者，得以顺畅地投资美国资产。

后来，摩根每一次用投资者的资金收购并改造自己需要的企业时，都被人们称为“摩根化”。而这个所谓的摩根化，其实就是指：兼并—连接—减少竞争—提高效率—形成生态。最终，他虽然是在用投资者的钱收购公司，却将美国商业的控制权，牢牢地留在了自己手中。因此，那个时代的美国人常说“上帝负责创造世界，摩根和洛克菲勒负责管理它”。

摩根通过建立连接的方式，控制了将近半个美国的商业。从原理上讲，为什么仅仅通过连接，就能有这么大的力量呢？其实，这个问题本身，就已经大大低估了“连接”这个词的作用。因为从本质上说，不只是美国的商业，其实一切事物都是由连接创造出来的。

例如世间最伟大的连接，就是人类的意识。我们之前跟大家说过，人的意识是在神经元细胞互相连接的基础上产生的，因此神经科学家们为了研究意识，特地提出了一个叫作“连接组”的概念。下面我们看看不同级别的连接组让我们产生意识的一个过程：

第一步，3 个最初级的神经元细胞，神经元 1、神经元 2 和神经元 3，共同组成了能够意识到红色的 1 级连接组。

第二步，N 个能意识到红色的 1 级连接组与 N 个能意识到蓝色的 1 级连接组，及 N 个能意识到绿色的 1 级连接组，共同组成了一个能意识到黑色的 2 级连接组。

第三步，N 个能意识到黑色的 2 级连接组和 N 个能意识到形状的 2 级连接组，组成了一个能够意识到车轮的 3 级连接组。

第四步，N 个能意识到车轮的 3 级连接组和 N 个能意识到车厢及 N 个能意识到车窗的 3 级连接组，组成了一个能够意识到汽车的 4 级连接组。

最后，N 个能意识到汽车的 4 级连接组和 N 个能意识到高速公路的 4 级连接组，组成了一个能够意识到堵车的 5 级连接组。

以上过程，就是当我看到一个堵车的场景时，意识的工作流程。由此可以看出，人脑中的意识，并不是由神经元细胞决定的，而是由神经元细胞间的连接，以及这些连接之间的连接决定的。

一个人脑中大约有 850 亿个神经元细胞，每个细胞都拥有将近一万个连接，也就是说我们每个人都拥有数百万亿个神经连接，而这些连接总共能存储多少类似于堵车这样的连接组呢？

有人会说，我们只要先算出堵车连接组占用了多少连接，也就是 3 乘以 N 的四次方，再用 800 万亿除以这个数不就行了？

这种算法简直错得离谱，它远远低估了大脑的真正容量。因为，这种算法是在假设我们的每个神经元都隶属于一个连接组，而每一个连接组也都隶属于一个上级连接组。

事实上，我们的每个神经元理论上都可以同时隶属于任意数量的连接组，每一个连接组也可以同时隶属于任意数量的上级连接组。识别红绿蓝三原色的连接组，就可以同时隶属于数千万种复杂的混合颜色的连接组。而识别车轮的连接组，除了汽车，也可以隶属于识别脚踏车、马车、独轮车，甚至飞机的连接组。因此，虽然我们的大脑只有850亿个神经元细胞，但是它们之间通过建立连接的方式，可以实现几乎无数种排列组合，并最终产生了我们复杂的意识和神奇的创造性。

这便是连接如何创造出人脑这种太阳系中最复杂的信息系统的过程。

同样的道理，其实宇宙中的一切事物，都是通过连接的方式产生的。就像我们之前说过的，能量间连接产生了物质原子，原子间连接产生了分子，而分子间连接既可以产生简单的石头、行星、太阳，也可以产生复杂的有机物大分子，再连接成DNA、氨基酸、蛋白质、细胞、植物、动物、人，而以上这些事物连接的规律是，随着连接级别的提高，它们本身便会产生更加强烈的连接欲望。正是人类这种强烈的连接欲望，促成了复杂的人类社会和更加复杂的互联网。

100年前，以摩根为代表的银行家，承担了美国商业的连接者角色。因为在那个时代，金钱是最普世、流动性最好的连接中介。

今天，信息本身正在取代以金钱为代表的能量，成为更好的连接工具。因此，以谷歌、脸书、亚马孙和阿里巴巴为代表的网络公司，早已跨越国界，成为全世界最高效的连接者。

我们说过，网络的发展会分成三个阶段：早期的网络，是将电脑与电脑连接起来；今天，移动互联网让每个人保持随时在线，将人与人连接了起来；不久的将来，5G+AI+万物互联，会将人与人、人与物、物与物，无缝地连接在一起。

因此，就像神经元细胞一样，我们每个人都将拥有越来越多的连接，而整个世界也会逐渐发展成一个完整的大脑，拥有自己的意识。

作为这个世界脑的其中一个细胞，我们应该占据一个什么样的位置，才能让自己更加重要，更加成功呢？其实，社会学早已为我们找到了这个位置——结构洞。

何谓结构洞？简单来说，就是如果两个连接组或者两个人际圈子之间无法取得连接，它们之间的这个空隙，就是结构洞。这个时候谁能将这个结构洞填上，谁就能获得巨大的信息及能量。

例如餐饮行业和地产行业，原本没有什么连接，而麦当劳填上了这个结构洞，便取得了成功。万维网和手机之间原本没有连接，乔布斯填上了这个结构洞。采购部、市场部和供应商三者之间原本没有连接，新员工丙填上了这个结构洞。服装店和美容院原本没有连接，那几个创业的女孩填上了这个结构洞。保险公司和首饰原本没有连接，首饰店的老板填上了这个结构洞。火箭、汽车、隧道、太阳能之间原本没有连接，马斯克通过火星计划填上了这个结构洞。人寿保险、电气和铁路之间原本没有连接，摩根通过银行填上了这个结构洞。

我们之前讲过的每一个成功案例，几乎都是将自己放在了一个结构洞的位置，是我们故意在围绕结构洞挑选案例吗？当然不是，因为这个世界本身就是由连接组成的世界，所以几乎所有的成功者，都会或多或少占据一些结构洞的位置。

之前提到过的电商企业拼多多，对于结构洞的应用，就出奇地高效。有多高效呢？拼多多于 2015 年成立，只用了两年 10 个月，便成功在纳斯达克上市，如今市值 1000 亿美元，创始人黄铮身价超过百亿美元。

黄铮能有如此高的效率，最主要的原因是他精准的眼光，第一时间发现并填补了一个原本存在的结构洞。

其实，阿里巴巴早年曾注意到了这个结构洞，还为此做了很多费时费力的工作，包括中国电商科普的工作。他们需要把那些完全对互联网没有概念的人拉到电商平台上，需要组织大量的线下地推团队，去浙江的小商品城、皮革城一类的地方，从第一层开始，一个摊位一个摊位谈，一年才能把每个摊位谈完；第二年再去谈另一个小商品城，重复这样的工作。不过，后来出于各种原因，它退出了这个领域。

拼多多则乘机成功补位，就等于在一瞬间，将阿里巴巴多年积累下来的能量和信息，据为己有。因此，他们才能在短短两年多的时间登陆纳斯达克，并成为全球销售额前五名的电商平台，市值过千亿美元。这便是及时填补结构洞的效果。

总结

这一章，我们通过摩根的例子告诉大家，建立连接是最好的商业模式，因为世界的发展方向是越来越多的连接。意识本质上是一组信息，是由神经元的连接产生的。占据一个什么样的位置，才能让自己更加重要、更加成功？答案是结构洞，无数个成功的案例都是成功地占据了结构洞。

○ 法则 17

反馈环：越大就越强，越强就越大

与传统实业缓慢的财富积累速度相比，互联网行业充满了快速创造财富的奇迹，而脸书无疑是非常突出的一个范例。这一章我们先来聊聊脸书和扎克伯格的故事。

众所周知，2004 年扎克伯格创建脸书时，年仅 19 岁。一开始，脸书只是哈佛大学校内的交友平台，但仅仅一年便扩展到了全美 2000 多所大学和高中。2008 年，脸书晋级成为世界最大的社交网络，从此便是一骑绝尘，十余年来，始终保持着市场垄断地位。

一个 19 岁的青年创业者，为什么能做到让一家公司如此迅速而稳定地成长，远远超过世界上众多经验丰富的职业经理人呢？

按照一般人的想法，当今世界的市场竞争过于激烈，再强大的公司都要谨小慎微。一旦犯错，就可能瞬间被无情淘汰，这样的例子不胜枚举。在这种情况下，公司首席执行官就显得至关重要了，能让一家公司保持长时间的高速增长，始终处于市场上的绝对优势地位，其首席执行官一定得是一个阅历丰富的成熟领袖。

然而，事实却恰恰相反，脸书公司自从成立以来，便是麻烦不断，从知识产权到用户权利遭遇了各种官司，而且扎克伯格自己更是不断犯下各种低级错误。

例如，他曾经推出一个灯塔功能，会将用户在脸书平台上的消费行为直接广播给自己的好友。这个功能的出现直接造成了一场社交灾难，让众多用户陷入麻烦。其中，有一个被媒体频繁报道的事件，是纽约的一个女生通过脸书发现自己的男友购买了两张电影票，但和男友看电影的人并不是自己，这最终导致两人分手。

为什么一个首席执行官和一家公司犯了这么多错误，还能始终保持优势，稳步发展到今天呢？答案很简单，那就是反馈环。

前面几章我们向大家介绍了“位置—方向”模块的内容，这一章，我们回过头来，接着说说“存在—发展”模块。

之前，我们已经向大家介绍了“存在即差异”的原理，及生命对存在的欲望与恐惧。而生命如果要保持自身的存在，就不能将目标仅仅定在存在上不动，它还必须要保持发展。因为能量是有限的，一个存在如果不能发展自己，维持存在的能量迟早会被其他的存在抢走，最后被“物竞天择”法则淘汰出局。

因此，存在就要发展，发展才能存在，这样的二元论还可以应用到其他领域。例如：计算机就是要存储和计算，存储是为了计算，计算才能存储；基因就是为了复制和进化；金融就是为了保值和增值。一切熵减体，都可以归结到存在和发展两件事上。接下来，我们就来谈谈发展的问题。

我们说过“存在即差异”，那么发展自然就是增强自身的差异，增强自身的能量，或增强自身的信息。

如何增强呢？在“能量—信息”模块中，我们说过，效率最高的方式，就是找到一条通路，将能量转化为信息，再将信息转化为更多的能量，如此往复。如果能形成一个这样的反馈环，哪怕你不再做任何工作，这个反馈环本身也能迅速将你推向成功。

那么，到底什么是反馈环呢？简单来说，反馈环就是越大越强，越强越大，循环往复直到形成一个旋涡，将所有能量全都卷进来。

反馈环可以分为一维反馈环和多维反馈环。例如我们开篇时说到的脸书，就是以用户数量为唯一维度的反馈环，因为在社交网络上，用户数量是衡量产品的核心指标。用户数量越多，来这里能找到的朋友就越多。朋友越多，就越能吸引更多的新用户，让用户数量变得更多，让产品更有吸引力。

相反，假如你开发出一款社交产品，即使你的产品非常好，如果没有几个用户，也很难说服其他用户从脸书上迁移到你的平台上来。

这就是为什么扎克伯格和脸书犯了很多错误，却始终屹立不倒的原因。因为，扎克伯格虽然经常得罪用户，但他更善于建立并完善自己的反馈环。

很多年前，他出资 10 亿美元收购了只有 16 个人的照片墙（Instagram），很多人诟病他根本不懂商业；随后，他又出资 190 亿美元收购瓦次艾普（Whats App），也曾备受质疑。然而，事实证明，这两次重要的收购，将脸书打造成了一个从电脑到手机，从即时通信到社交网络的超级反馈环，将所有人与人联系的需求，完整地囊括进了自己的生态系统。

什么是多维的反馈环呢？简单说就是在一个系统中，A 事物的增加可以吸引 B 事物也增加，B 事物增加后，又能反过来吸引 A 事物进一步增加，如此循环往复。

苹果战胜诺基亚，就是典型的二维反馈环战胜独行侠的案例。众所周知，诺基亚很早就提出了用智能手机取代电脑上网的理念，他们的塞班系统早在 1999 年就推出了第一个版本。然而问题是，塞班系统上的所有应用，都要依赖他们公司的自主开发，这明显是效率很低的做法。

苹果公司虽然起步很晚，但他们一上来就推出了一个完整的反馈环生态，全世界的开发者都可以在IOS平台上开发应用并赚取收入，这让他们在很短的时间内便拥有了十多万个应用，将诺基亚的塞班远远抛在身后。

于是，更多的应用带来更多的用户，更多的用户又吸引了更多的开发者，从而开发更多的应用。苹果公司自己不用开发一个应用，就能收取巨额的苹果税。面对这种“开发者—用户”二维反馈环的竞争，曾经不可一世的诺基亚瞬间便从巨人走向了坟墓。

通过上面两个例子，大家不难看出，虽然人人都知道发展才是存在的唯一方式，可如果不能建立可持续发展的反馈环，单靠自己一点一滴地付出，迟早还是要被世界淘汰的。

那是不是成功建立了持续发展的反馈环，就一定能取得高效的发展呢？答案是不一定，这还要看反馈环的模型，就是看反馈环属于发散模型，还是收敛模型。

学过高等数学的朋友都知道这两种模型的意思，解释这两个模型最好的方法，就是向大家解释成为一名“网络红人”的背后原理。

在当今的社交网络上，有时一篇文章或一个视频会被不断地转发，直到发酵成为一个社会性话题。这就是我们常说的“一传十，十传百”。然而，事实上，大多数情况是，一条信息传着传着就“死”了。大部分的文章和视频，浏览量都很难超过 1 万，那么问题出在哪里呢?

其实，在现实生活中，想要成为“网络红人”，根本不用所谓的“一传十，十传百”，只要能达到“一传一”的效果，迟早都能获得数百万的浏览量。

假设你发出的一条视频，每一百个人中，有 N 个人会进行转发。再假设，社交网络中，平均每个人都有 M 个真实关注他的好友。也就是说，每个转发后的视频，都能让 M 个人看到这个视频。M 乘以百分之 N 的结果，就是能否成为“网络红人”的决定因素了。如果结果大于 1，反馈环就是发散模型，你就迟早能成为“网络红人”。如果结果小于 1，反馈环就是收敛模型，成为“网络红人”的概率就很小了。

这么说，大家可能不好理解，让我们看一个具体的例子。

某天你发了一个视频，第一批看到这个视频的人数是 100 人。假设 N=4，M=50，也就是说，每 100 个看到你视频的人中有 4 个人会转发，而每个转发可以带来 50 的观看量。

那么第二批的观众就是：$100 \times 4\% \times 50$，也就是 200 人。第三批的观众就是 400 人，第 10 批之后，就能达到 10 万人。按照这个趋势发展，理论上你的视频迟早会被所有的人看到，这就是所谓的发散模型。因为这个例子中，M 乘以百分之 N 的结果是 2，大于 1。

另一种情况，假设 N=2，M=40，M 乘以百分之 N 的结果就是 0.8。这时观看者的人数就是，第一批 100 人，第二批 80 人，第三批 64 人，总数则是：100+80+64=244。在数学上，这个反馈环的趋势是无限趋近于 500。具体算法大家可以去了解一下等比数列，而 M 乘以百分之 N 的结果，就是等比级数，我们暂时把它叫 q。

在上面这两个例子中，前者的 q 大于 1，它的发展趋势就是无穷大，后者的 q 小于 1，发展趋势就是有限的 500。

如果用更极端的例子展示，大家会发现，当 q=0.99，或 q=1 时，虽然只差了 0.01，但前者的趋势仍然是无穷大。因为，100+100+100……这个趋势会一直持续下去，而后者的趋势依然是一个有限的数字（10000）。可以说，在这里，阻止你成为网络红人的决定因素就是这可怜的 0.01。

当然，上面举的都是理论上的例子。在后面，我们还会从实践角度介绍聚集网络流量的具体方法。

传播学中，这个简单的原理决定着一条信息能否持续传播：等比级数大于 1，是发散模型，信息可以持续传播；等比级数小于 1，是收敛模型，信息会无限收敛至一个有限的数字，并终止传播。

换句话说，我们在制作并经营一个视频的时候，需要关注的重点，既不是点赞的数量，也不是评论的数量，而是这个视频的转发率。只要能让视频的转发率达到发散模型的门槛，你自然可以调动网络的巨大能量。

总结

这一章，我们给大家介绍了脸书和扎克伯格在成长的过程中犯下的一些错误，以及他们能够“逢凶化吉”的最大原因：反馈环。衡量一个反馈环是否有效，要看反馈环的增强指数，是否达到了发散模型的最低门槛。只要你能让自己的反馈环突破这个门槛，剩下的事，哪怕你不做，甚至做错，你的事业都是很难失败的。

○ 法则 18

S 曲线：识别行业的各个发展阶段

可能很多人听说过幂律原理，那么它究竟意味着什么呢？举个简单的例子，假设 500 年前有一个穷光蛋，他全部家当只值 1 美元。然而，他给自己订了一个计划，每年要让自己的身家增长 7%，并且要求自己的子孙也坚持执行这个计划。

有人可能会说，7% 太少了，第一年等于才赚 7 分钱。然而，如果这个穷光蛋和他的子孙们真的能将这个计划坚持下去，按照幂律，也就是复利计算，到今天他的子孙将拥有 490 万亿美元，超过当今世界私人财产的总和。

一个人的财富超过他自己所属的世界的财富之和，从逻辑上是不可能的。因此，即便是 7% 的幂律增长，也是不可能持续长久的。它能够持续的上限，就是“幂律天花板”。

“幂律天花板”的存在，是好事还是坏事呢？对大多数人来说，“幂律天花板”的存在应该是件坏事。然而，对于了解本书内容的人来说，“幂律天花板”则是对发展非常有利的武器。

在法则17中，我们给大家介绍了高效发展的反馈环机制，而一切反馈环的背后，其实都有一个相同的属性，那就是指数增长。也就是说，判断你的生意是否形成了反馈环，最重要的依据就是看它是否进入了指数增长的状态。

从大的行业视角来看，计算机、生物、AI、互联网等行业，无疑处于指数增长的状态，而传统的生产制造业，则大多处于线性增长状态。例如计算机的效率每18个月就能翻一倍，但是波音飞机飞行的速度，受物理条件的限制，几十年来还都处于同一个水平。

因此，今天我们在选择行业前，也需要确定这个行业处于指数增长还是线性增长的状态。

除了指数增长，还有一个重要指标也跟幂律直接相关，那就是分布规律。在自然界与人类社会中，最广泛的分布规律一般有两种：一种是正态分布，另一种是幂律分布。

其中，正态分布比较符合人的直觉，比如，人的身高、体重、智商，所有这些统计都有一个平均值。每一个被统计者大都在这个平均值的周围小范围地波动，你高一点，我矮一点；你多一点，我少一点，差距不是特别大。用图表表示，就是一个典型的钟形曲线，中间高，两头低，左右对称。

因此，在正态分布的情况下，世界是公平的。

然而，这个世界最有趣的地方是，虽然我们的天赋是相对公平的，但我们收获的成就却往往是不公平的。

例如社交网络的点击量、关注度，一个人的人脉、财富、声望，一个城市的 GDP、规模、人口，这些遵循的都是幂律分布的规则。

在幂律分布中，少数人的数值特别高，而大多数人的数值都很低，最大和最小的点之间，能相差好几个数量级。

幂律分布的形状，是一个不断下降的曲线，从最高的头部开始极速下降，后面的大多数只是一条长长的“尾巴”。

因此，在幂律分布的情况下，世界是不公平的。

以人的收入为例，在正态分布的社会里，中等收入阶层占绝大多数，低收入和高收入阶层只占极少数。这种分布，被认为是非常理想的社会结构，对聪明勤奋的人有激励，让弱者的落差感没那么大。

然而，真实世界的收入分布，却遵循着幂律分布的规律。这种分布规律也被人称作“二八定律”，也就是 20% 的人获得了 80% 的收入，甚至 1% 的高收入人群，拿走了将近 50% 的收入，而且这个贫富差距还在继续扩大。

《马太福音》中有句话：“凡有的，还要加倍给他，让他有余；凡是没有的，连他所有的也要夺过来。”这就是人们常说的“马太效应”。

用现在的话来说，就是“穷者越穷，富者越富”。因而，有钱的人，会越来越有钱，没钱的人几乎没有办法通过劳动来追赶上。

再以社交网络上的文章或视频为例，在 Youtube 上，有的视频能够达到上百万的浏览量，但绝大多数视频根本无人问津。在脸书上，有些明星拥有上千万的粉丝，但是普通人的关注量却寥寥无几。

城市的人口数量也是这样，最大的城市的人口规模是第二大的城市的两倍，是第三大的城市的三倍，是第四大的城市的四倍……

幂律分布和正态分布，展现的是两个完全不同的世界。之所以会产生这种现象，就是反馈环的作用结果。身高、体重、智商等属性，人和人之间是互不影响、彼此独立的，因此无法形成反馈环，就只能遵循正态分布的规律。

另一方面，人们后天的财富、人脉、声誉、社交网络的关注度等属性，都是在人类社会这个系统中连接在一起的，它们之间有着复杂的联系和多重的影响，是一个高速运转的反馈环。这个反馈环运转的结果，就是“连接效应”。就是说，当一个新的节点加入系统时，系统中原本连接数多的那些节点更有可能得到新的连接。

在社交网络上，一个人的朋友越多，就越有可能认识新朋友。一本登上畅销排行榜的书，会获得爆发性的销量增长，反过来让它更加牢固地占据排行榜的位置。

在经济领域中，我们管这样的行业叫作“自然垄断行业”；在传播学中，我们管这样的传播现象叫作“病毒式传播”。

“幂律天花板”是无处不在的。手机产业，从无人问津，到人手一部的爆发式增长，再到今天的销量连续下滑；社交网络的用户从几百万爆发到30亿，再到今天的流量见顶；CPU的计算能力，从每18个月翻一番，到即将到来的纳米上限。

可见，宇宙中所有事物的增长，都有它的“幂律天花板”，包括宇宙自己。从最根本的物理限制看，一个事物可以遵从一个加速度，以指数的方式加速，但前提是不能超过光速。因此，光速就是宇宙自己的“幂律天花板”。

如何才能充分利用“幂律天花板”，将别人眼中的“坏事”变成“好事”，促进自己的发展呢？其实方法非常简单，就是用好S曲线。

何谓S曲线？我们来看图18-1。图中的X轴表示时间，Y轴事物发展过程表示一个事物从零开始发展，直到接近它的极限，也就是“幂律天花板”。

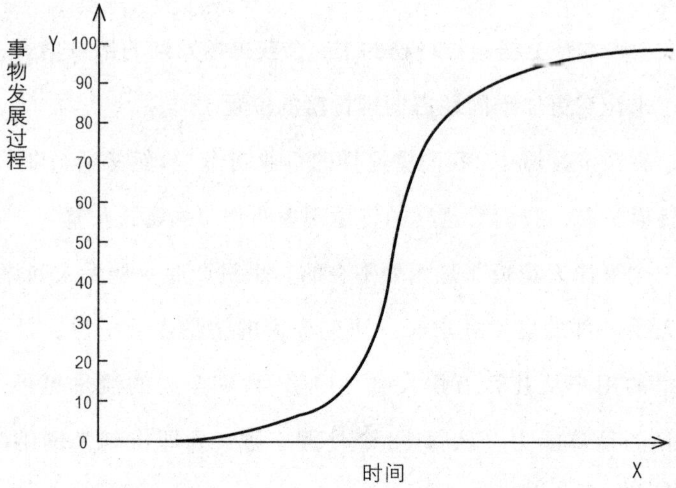

图 18-1　S 曲线

从图中我们会发现，任何事物的发展都会分为三个阶段：先导期、爆发期和平台期。从事物发展过程来说，都是开始慢，中间快，后来又回到慢的过程。

既然所有的领域都要遵循 S 曲线的发展规律，那么那些身处不同领域不同时期的人们，自然也就会有不同的命运。

然而，问题是，大多数人没有意识到 S 曲线的重要性，只是凭借自己的经验判断将来的趋势，认为现在成功的经验，放在将来也一定能够成功，现在的铁饭碗将来也一定是铁饭碗。正是这样的错误认知将一批批曾经成功过的人，困在原地，渐渐被时代所淘汰。

读过本书后，大家正好可以利用这种规律，使用S曲线比对自己所处的阶段，并及时做出正确的改变。这种改变的原则就是，当一个领域进入爆发期时进入，当这个领域接近极限或进入平台期时退出，并转到下一个处于爆发期的领域。如此往复，才能让自己永远保持在指数增长的状态。

另一方面，即便我们选择了一个指数增长的领域，但如果这个领域内的参与者处于幂律分布的形态，也就是说少数人处于垄断地位，多数人处于无人问津的状态，我们也还是不能高枕无忧，坐享反馈环带来的高速增长。

如何才能在一个幂律分布的领域中，一上来就让自己占据一个强势的中心位置呢？这个问题的解决方法，我们会在后边的内容中为大家再做介绍。

本书到了这里，已经围绕着差异为大家介绍了“能量—信息”“存在—发展”“位置—连接”这三个模块。之所以围绕差异，是因为差异是这一切的基础，是差异造成了这一切的存在与变化。因此我们做事情，实际上就是在通过各种差异产生的能量，为自己所用。

不过，现实生活中还有一种情况我们没有考虑，那就是当一个事物已经存在了，而我们想要维持它的稳定，不想它有太大的变化，这个时候我们要做的是减少攻击它的能量。所以我们要考虑的是差异的对立面，换句话说，当有一种能量对我们在乎的事物产生了负面的、类似于攻击的能量，我们就应当减少造成那种能量的差异。

怎么减少呢？下一章我们就来为大家介绍差异的另一端——平衡。

总结

任何指数增长的事物，都有它的“幂律天花板”。事物存在两种不同的增长方式：线性增长和指数增长。相应地，也存在两个完全不同的世界：正态分布的世界和幂律分布的世界。因此，我们要善于利用S曲线观察世界，让自己始终保持在指数增长的环境中发展。

○ 法则 19

内部平衡：大唐强盛的秘密

历史上，中国对世界影响最大的是哪个朝代？答案是唐朝。唐朝能够维持长期强盛与稳定的一个重要原因就是完善了科举制度。

科举制度是如何令唐朝变得强盛的呢？传统的解释是，科举制度让唐朝有了一个可以发掘和选拔优秀人才的机制，也让这些人才有了公平竞争的平台。

这种解释不能说全错误，但没有抓住问题的核心。那么科举制度让唐朝维持强盛稳定的主要原因到底是什么呢？

首先，维持国家稳定的一种重要力量是军队。在冷兵器时代，军队的强大不在于武器有多先进，而在于人数有多少。于是，君主便面临一个悖论：军队人数多就要多花钱，经济发展就要受限；军队人数少，就怕难以控制局面。

要化解这个矛盾，首先就要分析动乱的原理，即动乱的心理能量的来源。这个问题很简单，动乱当然是因为对生活现状不满。为了改善自己的生活，至少是为了这种希望。然而，动乱的风险很大，只有社会积累了极大的不满，动乱才会成为“燎原之火”。

因此，君主要让社会保持安定，需要将各方的心理能量引导到对自己有利的方向上，问题就解决了。从社会动力学的角度看，君主创造的不是真正可以改善人们生活的机制，而是让人们相信可以改善自己生活的方法。因为只有相信，人们才会投入自己的能量，即时间、金钱和精力。

那么什么方法既安全，又需要花费时间和精力呢？答案是学习。学习无疑需要投入大量的时间，还需要买很多的书；而当时没有活字印刷术，所以学习也需要花很多钱买书，还能发展经济。

于是，科举制度诞生了。一时间人们纷纷说：“万般皆下品，惟有读书高。”从老百姓到地方大族，全都拿起书本。

然而，科举制度真的让人们改善生活了吗？短期来说，这种效果是很有限的。因为朝廷需要的官员是有限的，原来需要多少，现在也不可能增加太多。有权有势的人依旧占据着关键职位。不过，人们把时间花在了学习上，将能量转化成了更具势能且能存储的信息。于是，国民素质普遍得到了提高，在文化、民风和经济共同作用下，从长期来看人们的生活水平得到了提高。

刚才我们介绍了唐朝通过科举制度，巩固了政权，让国家发展得更加平稳、健康。其背后的原理是什么呢？答案是消除差异。

前文我们一直在强调，通过制造差异产生能量，进而为自己所用。然而，在现实生活中，还有一种情况需要考虑：当事物已经存在，而我们想要维持它的稳定，不想它有太大的变化，这个时候就需要弱化攻击它的能量。

因此，我们要考虑的是差异的对立面。换句话说，当有一种能量会削弱我们所在乎的事物时，我们就应当减少造成那种能量的差异。消除差异的方法就是平衡，而中国传统儒家哲学的精髓正好就是平衡。

我们知道，差异处在最核心的位置，因为差异是一切的起点。那么平衡为什么能跟差异处在同等的位置上呢？因为平衡就是差异的发展方向，这是由统治宇宙的熵增原理决定的。

大家想想，一杯咖啡，我往里加进一勺奶，会发生什么？一开始，白色的奶和黑色的咖啡会有一条分明的界限，看起来像一幅美妙的画作。随着时间的推移，熵增原理开始发挥作用，咖啡和奶渐渐交融，界限变得模糊不清，差异逐渐走向平衡，最终咖啡和奶彻底融合，变成了一杯拿铁，一切从差异开始，以平衡结尾。

同理，宇宙从大爆炸、膨胀，到最终走向热平衡，也是由差异走向平衡的过程。既然平衡是让一切归于静止的力量，那我们为什么还要研究它呢？道理很简单，在现实生活中，我们并非永远在追求更大的变化、更多的能量，因为能量要分正负。有些能量是正的，是对我们有益的，我们会追求；有些能量是负的，会攻击我们、伤害我们，当我们或者我们周围的事物需要稳定的时候，就需要通过平衡的方法化解这些负能量。

换句话说，差异是用来进攻的，平衡是用来防守的。因此，在思考任何问题前，首先要明确我们的方向：要进攻，还是要防守？或者说我们是要创造某种变化，还是要阻止某种变化？

当需要阻止某种变化时，就需要从平衡的角度思考问题。那么如何让一个事物向着平衡的状态发展呢？

首先，通过熵增原理可以知道，任何事物本身都是向平衡的方向发展的。也就是说，一个事物，我们不去管它，它自己就趋向着归于平衡稳定。

因此，一旦事物开始出现不稳定的状况，那就一定是有一个存在，在向它输出能量。此时，我们首先要做的，就是定位造成这种波动的能量源。

如何定位呢？我们看之前讲过的四个模块——能量、信息、存在、位置。首先要使用的是位置模块和存在模块，而位置模块包含四个关键词：环境、上下游、竞争者和联结。

由此我们应该想到，先来确定这个能量源是处于哪个级别的系统。这里的级别主要有三级：第一级，上级系统出现了波动；第二级，同级系统的上下游或竞争者出现了波动；第三级，我们要维持的事物作为一个系统，本身内部出现了波动。

回到唐朝的例子，维持稳定属于第三级的问题。第三级相对来说是最简单的，因为我们要解决自己系统内部的波动，而系统内部的资源和能量是比较容易调动的。唐朝这个系统内部的结构是什么呢？这个系统的能量主要由三方面掌控：

1. 政府，也就是统治者自己。

2. 贵族，拥有一定资源和能量，但人数较少。

3. 百姓，只能控制自己。他们孤立无援、能量很小，但总数很大。

这么一定位，我们知道，可能造成动乱的能量源来自两个地方：

1. 贵族的欲望，贵族拥有很大的能量，而有能量的人想要什么？当然是更多的能量。

2. 百姓的需求，百姓希望的只是一个最基本的衣食无忧的生活。

这样我们就完成了能量源的定位。接下来可以使用能量模块，对能量源进行分析。在唐朝的例子中，可能造成波动的能量源是贵族的欲望和百姓的需求。

通过存在模块，可以明白，人的欲望作为一种势能，随时随地受到恐惧的限制，所以要充分利用欲望与恐惧的关系。

最后使用的是信息模块。通过算法，创造一个新的制度，从而让贵族和百姓认为，通过付出能量就能满足自己的需求。这个制度想要持久有效，就需要贵族和百姓持续投入时间和精力，即劳动和学习。

在本章中，我介绍了当波动能量源自第三级——系统内部时，人们应该怎么做，才能取得平衡。稍后，我将为大家介绍，当能量源出现在第一级和第二级时，如何实现平衡。

总结

这一章，给大家介绍了唐朝通过科举制度巩固政权的故事，并由此引出了差异的对立面—— 平衡。从中我们找到了思考问题的起点：先确定方向，是要创造变化还是阻止变化。最后，我们通过原系统法则的四个模块，为大家解析了唐朝平衡国内潜在矛盾的过程。

○ 法则 20

同级平衡：一人之力救一国

有些能量是负的，会伤害我们，就需要通过平衡的方法来化解这些负能量。我们先来看个故事：

1814 年至 1815 年，拿破仑战败后，欧洲各国在奥地利维也纳召开著名的维也纳会议。会议的目标有两个：一是恢复拿破仑战争时期被推翻的各国旧王朝及欧洲封建秩序，防止法国东山再起。二是由战胜国重新分割欧洲的领土和领地。因为当时欧洲各国在拿破仑战争前的领土相对是比较清晰的，所以大家实际上就是预谋来分割法国的领土的。当时法国的新任国王路易十八没有任何军权，而且会议召开时反法联盟的各国军队还驻扎在法国的领土上，因此当时法国的命运完全不受自己掌控，只能听任别人宰割。

幸运的是，这个时候法国还有一个能顶“千军万马”的外交部部长——塔列朗。正是他，通过一系列的外交手段，不但保住了法国的领土与政权，还让参会的其他强国承认了法国依然处于欧洲五大强国之一的地位。

塔列朗是怎么做到的呢?

我之前说过，想要维护事物的稳定，第一件事就是通过位置模块，定位这个不稳定的系统处于哪个级别，是上级系统、当前系统，还是系统自身的内部矛盾。

在维也纳会议这个例子中，法国面临的矛盾显然来自第二级系统，也就是它所处的欧洲系统。

我们再来看欧洲系统内的位置情况，首先，反法联盟的主要组成就是欧洲四强：英国、沙俄、奥地利帝国和普鲁士。

这四个国家都是刚刚被拿破仑掀了个底朝天后，才勉强联合到一起，进而击败了法国。因此，他们都是抱着对法国人的深仇大恨来开会的。这个塔列朗应该怎么做，才能挽救法国的命运呢?答案当然是平衡。

应该如何利用平衡呢?我们先来通过存在模块，分析一下各国的诉求和恐惧。

先来看情况最简单的英国。英国是个岛国，跟欧洲大陆有着天然的边界，而此时的英国在工业革命的促进下，技术突飞猛进。它当时最大的诉求就是欧洲大陆各国之间可以形成势力均衡。这样英国就能放下顾虑，安心发展自己的海上霸权，取得海外殖民地及航运利益。

诉求决定了恐惧。因此，此时英国最大的恐惧就是，欧洲大陆出现像之前法国一样的霸权国家，而沙俄就想成为这样的国家。

再来看沙俄的诉求和恐惧。就像刚刚说的，沙俄此时有着很大的野心，沙皇亚历山大一世想通过维也纳会议得到波兰，然后伺机进军西欧，最终像拿破仑那样，成为欧洲的新霸主。亚历山大一世最担心的就是，自己也遭遇像拿破仑那样的情况，被欧洲各国群起而攻之，成为众矢之的。

奥地利帝国此时的目标是自己周边小国的领土，包括波兰，和自己在德意志地区的盟主地位。因此奥地利帝国的恐惧就是沙俄夺取波兰，和普鲁士在德意志地区的扩张。

此外，经历了拿破仑时期的无数场战争后，各国已经民不聊生，贵族们更是在战争中死伤惨重。因此，各国还有一个共同的诉求和恐惧就是，大家都希望得到和平，恐惧战争再次到来。下面我们简单总结一下：

英国

诉求：欧洲大陆各国彼此牵制，自己安心发展海外殖民地。

恐惧：沙俄过分强大，破坏势力均衡。

沙俄

诉求：得到波兰等地的领土。

恐惧：成为众矢之的。

奥地利帝国

诉求：得到周边小国的领土，德意志的盟主地位。

恐惧：普鲁士和沙俄的竞争。

各国共同的恐惧：战争。

下面我们来看看能量模块。能量模块的四个关键词是：势能、流动性、媒介、资源。此时的塔列朗手里没有任何军事实力，所以流动性基本可以忽略不计。

资源呢？塔列朗手里唯一的资源就是他的平庸国王——路易十八。因为路易十八是法国几百年来的正统统治者路易家族的接班人，而塔列朗恰恰可以利用上述各国的欲望与恐惧，将路易十八的正统性转化成势能。

这个时候就需要用上信息模块中的算法了，塔列朗此时可以用上两个算法：第一个算法是威斯特伐利亚体系；第二个算法是正统性原则。

所谓威斯特伐利亚体系，源于 1648 年的威斯特伐利亚和会，这是欧洲历史上最早的一次国际会议，当时参会各国签订的《威斯特伐利亚和约》则被认为是世界历史上具有里程碑意义的多边条约。

条约的具体内容大家不用深究，大家只要知道条约的主旨思路只有一点，那就是平衡。也就是削弱当时实力强大的邦国，扶持实力弱小的邦国，实现欧洲大陆势均力敌的格局体系。

在这次条约签订后，各国长期奉行威斯特伐利亚原则，一旦有某一个国家实力开始明显加强，出现了扩张的情况，其他各国就联合起来，群起而攻之，如此保障欧洲各国的均衡格局。正是这种均衡格局，导致了欧洲数百年来一直没有统一过，而威斯特伐利亚体系也成为当今国际法及国际政治的实际源头。

所谓正统性原则，是欧洲大陆的一大特色，它源自贵族制度，最早可以追溯到古罗马时期，是欧洲人的传统观念。

最重要的是，拿破仑大革命的主要思想就是反对这种世袭制度的传统观念，而欧洲其他国家的君主全都是世袭数百年的正统统治者，因此对于欧洲的君主们来说，承认正统性原则，就是承认自己统治地位的合法性。这也是路易十八手中最有效力的势能。

有了上述这两个算法和路易十八的身份资源，塔列朗就可以实施他的外交魔术了。

首先,塔列朗找来了英国和奥地利帝国,提出签订一个“英法奥三国秘密条约”。条约的主旨是欧洲各国应该根据正统性原则,尊重正统君主家族的统治。凡是有人违反这个条约,英、法、奥三国将联合出兵予以回击。

塔列朗说,只要签订了该条约,英、法、奥这三个国家就可以在维也纳会议上,名正言顺地反对普鲁士夺取他国政权,同时阻止沙俄夺取波兰。这一点正满足了英国和奥地利最大的诉求。

这个条约签订,法国国王路易十八的统治地位也就得到了确立,这就意味着英国和奥地利必须放弃并阻止其他国家瓜分法国的领土。

同时,塔列朗向英国和奥地利保证,只要法国在这次会议中活了下来,他们就会不遗余力地协助英、奥两国,维持欧洲大陆的势力均衡。

就这样,当这个条约签订后,塔列朗手中就拥有了另外一股强大的势能。

当维也纳会议召开的时候,俄国和普鲁士果然提出了瓜分法国、波兰和萨克森的计划。而此时英、法、奥提出反对,并拿出了三国签署的秘密条约。

虽然此时英、法、奥三个国家并没有过多的精力进行战争，但看到这个条约后，俄国和普鲁士还是受到了威吓。再加上正统性原则同样符合俄国沙皇自身的利益诉求，所以他们最终还是决定收回瓜分领土的建议。

一定有人会问：为什么一直没有分析普鲁士的诉求和恐惧呢？因为不需要。大家想想，到了这个时候，五个强国中，有四个反对瓜分计划，大局已定，普鲁士的这一票，自然也就失去了意义。

以上就是国际外交史上的传奇案例，而我们用了本书的理论进行分析后，大家是不是觉得逻辑清晰了很多呢？

塔列朗孤身一人拯救法国的故事，展示了如何在同级系统中实现平衡。有人可能会问，如果上级系统出现了问题，该怎么取得平衡呢？答案是：建议换个思路。

比如你开了一家生产汽油发动机的公司，公司很有实力，技术强、营销好，各方面能量都很充足。然而，这时候行业突然出台了法案：禁止汽车企业再生产燃油汽车，全部转向发展电动汽车。

这就是你的上级生态系统突然崩溃了，整个行业消失了。这时，你觉得你是以一人之力拯救整个行业好呢，还是干脆转型，换个行业重新开始呢？答案当然是后者。

总结

这一章，我们给大家介绍了法国外交家塔列朗孤身一人拯救法国的故事，由此向大家演示了在同级系统中取得平衡的方法。

第三部分

成长观

聚集引爆机会的认知势能

○ 法则 21

行动：将大目标分解成小目标

本书前两部分主要介绍了理论。掌握了我介绍的各种原理，相信大家已经能对世界上任何事物及它所属的系统进行透彻分析，因为我们已经知道了一切事物的基本组成和它们的发展方向。

然而，当完成了分析，想在实践中将某件事做成时，对那些没有实践经验的读者来说，还是不知该从哪里下手。从本部分开始，我开始阐释本书的实践部分，通过这个部分的学习，大家便能掌握做成各种事情的具体方法。

之前提到过，本书的理论主要涉及把事情做成的通用法则。这句话的背后，其实包含了两句潜台词：一是你的目标；二是你做事的方法及步骤。

目标这个潜台词很好理解，但目标导向的做事方式，却很少有人能够做到，为什么呢？因为目标导向本质上就是将一个大目标分解成一系列切实可行的小目标，然后将这些小目标一个个实现的过程。

然而问题是，如何将一个大目标条理清晰、逻辑缜密地分解成小目标。这是大多数人不具备的能力。因为这种能力，对一个人的综合认知水平有着极高的要求。幸运的是，本书已经为我们解决了这个问题，如果大家认真阅读并掌握了前两部分的内容，通过接下来的实践课程，你就能学会如何将任何一个大目标，分解成可以行动的小目标，进而实现它们。

所谓做事情的方法，其实就像学生在面对一道数学题时，所需使用的公式。我们只需找到合适的公式，再将题目中的具体数字代入这个公式，自然就能得出正确的结果。同理，我们的实践课程，将要交给大家一套分析问题和解决问题的公式。今后大家想做任何事情之前，只要将实际情况代入这组公式，就能得出一步步具体的行动步骤。

那么，这个公式究竟长什么样呢？我们刚才说的，做任何事情，都需要具有目标导向的思维方式，也就是将一个大的目标，根据公式分解成一系列切实可行的小目标。

接下来，我们为大家介绍一下分解一个目标的基本公式。但在介绍公式之前，还要先说一下选择目标的原则。

这里所说的选择，当然是指你主动选择。因为一个人选择一个目标，可以有很多种理由，但如果这个目标是你主动选择的，那就要遵守一个原则：这件事是你喜欢做的事。

这个原则的道理非常简单，就是我们之前说过的感性脑与理性脑的问题。一个人如果主动选择做自己不喜欢的事，那一定是理性脑描绘了一个未来的美好结果，说服感性脑做出的选择。

不过，我们之前说过，人的理性脑是后期才进化出来的神经网络，而感性脑早已存在了数亿年的时间。因此，理性脑虽然可以帮助人类做出一些重大决策，但人们每天数千个大大小小的行为中，有 80% 以上是由感性脑支配的。

因此，如果我们单纯为了赚钱，而选择了一个自己不感兴趣的工作，那我们每天就要浪费大量的心理能量，用于压抑自己的感性脑，强制它在一种不协调的状态下继续工作，而这明显是一种浪费能量、效率极低的方式。

另一方面，是不是所有我们喜欢的事，都能作为自己的目标呢？答案是否定的，因为并不是所有我们喜欢的事，都能很好地与自己的远期目标建立连接。

例如，假设我们的长远目标是赚 1 亿美元，那我们选择目标的原则就应该是在我们所喜欢的事情中选择一个最能跟钱建立连接的事，或者在能允许你赚 1 亿美元的领域当中，选择一个比较喜欢的事，作为自己的目标。如果你的长远目标是获得一定的成就及社会认可，那你就可以选择与另外一些喜好建立连接。

到这里，相信大家已经明白，在选择一个目标时，需要遵守的原则：平衡好长期的价值及短期的兴趣，并找到二者间的连接。只有遵循这个原则，才能将一个目标毫不费力地坚持下去，而你自身的坚持，正是一切事业的能量源泉。

当为自己选择好目标后，就可以运用相关公式了，即如何将大目标一步步地分解成切实可行的小目标。

第一步，以中心的位置作为起点。何谓中心位置？答案是差异与平衡。这是一组完全矛盾的关键词，也是两个相反的方向。也就是说，我们在做任何事情之前，第一步应该是确定自己的方向，即我们是要制造新的差异，还是要在原本存在的差异中取得平衡。

我们之前说过，需要掌握平衡之术的人，是那些已经拥有很大事业或成就的人，是想要将 10 亿美元的生意变成 100 亿、1000 亿美元的人，因此平衡的方法我们将放在本书后面的内容再做介绍。

对于大多数的创业者来说，第一步应该是需要创造一项新事业。因此，我们的方向应该是制造差异，而制造差异最好的方法，当然就是创新。

当然有人会说，很多时候不用创新也能赚到钱，比如在一条新开的商业街开一家快餐厅，完全复制之前的餐厅，甚至直接开一家麦当劳的加盟店，也照样能赚到钱。

这种说法存在两个问题：首先，在新商业街开一家麦当劳，本质上也是创新，因为我们讲过，创新的本质，是在旧信息间建立新连接。这个例子中，麦当劳的模式虽然是旧的，但这条商业街的位置是新的，而你做的事就是将这二者连接到一起，因此也是在创新。

其次，差异小的创新，即使能够赚钱，收益率必定极其有限。在这个例子中，麦当劳的品牌是别人创造的，商业模式也是别人创造的，盈利模式也是经过市场多年检验过的。因此麦当劳的加盟者，虽然能够盈利，可扣除给麦当劳的加盟金和营业成本后，收益率是很有限的。

最关键的是即便是这样的位置，没有一定的关系或实力，你也不可能拿到店面，道理很简单，这种不需要太多创新的事情，任何人都想得到。就像把钱存进银行，利润肯定有，就是太少了。

说起创新，我们需要将哪些必备的信息连接起来呢？我们最先需要连接的信息是位置，因为一个位置就是一次创新的起点。因此，做事公式的第二个步骤，就是确定自己的位置。

这里说的位置，不是麦当劳那样的地理位置，而是我们所创造的这个事物，与世界上其他事物的关系的总和，这些关系可以分为：环境、交换者与竞争者三大类。

其中，环境就是我们所处的上级系统，例如市场、行业、领域等，当然也不排除地理位置上的环境。在实际操作中，选择一个或多个好的环境，往往可以让你事半功倍。

竞争者，顾名思义就是，在同一个环境中，与你争夺能量或信息的事物，而最可怕的竞争者，就是那些想要取代你的位置的事物。本书一直所提倡的创新，其实就是躲开竞争最好的方式。

第三种，排除环境与竞争者后，其他跟你有关系的事物，都可以纳入交换者的范畴。因为任何个体都不能独立存在，它必须跟其他事物发生能量和信息的交换。在商业社会中，那些给予你能量、换取你的信息的事物，都可以称为上游，例如消费者；相反，那些通过信息换取你的能量的事物均可称为下游，例如供应商。

除了上面三种事物，对于位置的选择，我们还应该确保自己找到了一个结构洞的位置。这种结构洞，可以是环境间的结构洞，也可以是环境内的结构洞，唯一的条件就是，你要将两个或两个以上原本没有连接的事物连接起来，并确保它们之间的能量和信息，能够进行持续性交换。

当以上这些因素全部确定之后，你就可以进入公式中的第三个步骤：找到通过能量创造信息，再用信息撬动更多能量的路径，并将这条路径彻底打通。这一步是所有步骤中，最重要的一步，因为所有事情的成败，几乎都取决于这一步能否顺利完成。这里将介绍本书实践部分中最重要的一个概念：工具箱。

何谓工具箱？简单来说，就是当我们将一件事分析清楚，并制订好具体步骤后，将这些步骤一一实现的工具。

比如，要创造一个品牌，就必须在一批特定人群的大脑中，烙印一组关键信息。如何烙印这些信息呢？方法有很多，涉及不同的学科，包括神经心理学、社会心理学、社会工程学、传播学等。这些方法构成了一系列工具，我们只需要根据需求挑选合适的工具，就能达到自己的目的。

当上面这一步完成之后，你肯定已经取得了相当的成就。而我们行动公式的最后一步，就是将你的成就装进幂律放大器中，逐级放大，快速发展。

显然，这里所说的幂律放大器，就是为我们创造的系统，设计一个增强且发散的反馈环。一旦我们得到了这个反馈环，接下来哪怕你什么也不做，也很难有人能够阻止你的发展，因为一个增强且发散的反馈环，就像一个漩涡，一旦形成，就能在一瞬间吸引巨大的能量，将周围的事物摧枯拉朽般卷进来。

设计一个有效反馈环时，只需考虑以下几个因素：第一，选择一个具有网络效应的环境，因为具有网络效应的环境一定符合幂律分布的规律；第二，了解网络中，一个节点的平均连接数；第三，让你所拥有节点数的增强指数突破发散模型的临界点；第四，清楚整个网络的幂律天花板，利用好S曲线，随时准备更换自己的位置。

总结

这一章是本书实践部分的第一章。在这一章中，我们为大家介绍了目标导向的思维方式，以及如何通过行动公式，将一个大的目标，分解成几个具体目标。

○ 法则 22

工具箱：实现计划的左膀右臂

工具固然方便，但首次发明工具，却并不那么容易。我们先看一个经典的创新故事：

20 世纪初，美国有一个叫戈德曼的商人，他当时拥有数十家超市。为了让超市卖出更多的商品，他每天都在观察超市中的顾客，思考如何满足他们更多的需求。

当时，所有超市都只提供一个由金属丝编成的篮子，为顾客盛放他们选购的商品。然而，这个篮子盛放的东西一多，就会变得非常沉重，这在很大程度上限制了顾客的购买量。戈德曼想，如果能解决用户的这个痛点，不仅能销售出更多的商品，还能减轻购物者的负担。

他想出了第一个方案：当店员看到顾客的篮子满了的时候，就帮顾客送到收银台，然后再帮客户拿一个空的篮子。事实证明，这种方法不仅浪费人力，还非常麻烦，是行不通的。

直到有一天，他看到办公室的折叠椅，突然兴奋地跳了起来，他抓起折叠椅放到办公桌上，然后将篮子放在椅子下。第二天一早，他就跑到修理铺找到一位修理工，两个人修修补补，然后给折叠椅加了四个轮子。

就这样，后来在超市随处可见的购物车诞生了。

购物车连接了扶手、购物篮、车轮三个旧的信息，大大节省了顾客的能量，扩大了他们的购物空间及体验。因此，购物车无疑是一个成功的创新。戈德曼高兴地认为，有了这样的购物车，一定能大大增加顾客的购买能力。

然而，令戈德曼没有想到的是，顾客们对这个新奇的玩意根本不感兴趣。他后来回忆道："我走进了我们最大的店，里面没有一个人使用我发明的购物车，家庭主妇抱怨，购物车太像婴儿车了，而她们并不想在超市中重复'日常带孩子'的情景。男顾客更是不屑一顾，因为购物车让男人显得虚弱无力，像个女人。"

放到今天，大家都会感到这些想法并不符合发展规律，购物车才是大势所趋。那么，当面对消费者不屑一顾的困境时，戈德曼应该如何说服顾客们接受购物车这个新生物呢?

我们做任何事情的基本流程都应该是：第一，确定目标；第二，进行分析、创新，并制订一步步的行动计划；第三，在工具箱中挑选合适的工具，将行动计划中的每个步骤变成现实。在实现航天梦的那个案例中（法则 2），主人公在为自己设计一步步逐级放大能量的计划后，其中有一个步骤，就需要合适的工具：取得航天局局长的信任，说服他加入自己的计划。

相信大家一定非常好奇，所谓的工具箱，里面到底都装了些什么工具呢？下面就为大家介绍一下工具箱的内容，以及我们如何使用工具箱，将行动计划变成现实。核心还是，最有效地利用差异创造信息，进而用信息撬动更多能量去解决问题。

因此，工具箱里的工具应以能量的类型进行分类。在人类社会中，能量可以分成如下五类：第一，个人的能量；第二，群体及社会的能量；第三，科技的能量；第四，金钱的能量；第五，复杂系统的能量。

什么样的方法可以作为工具，进而放入工具箱呢？回到购物车的那个故事中。购物车刚刚发明却遭冷遇后，戈德曼没有放弃他的信念，他坚信购物车可以改变人们的生活。当前，他只是缺乏一个有效的工具，让走入超市购物的顾客，愿意推起一辆购物车。为此，戈德曼尝试过很多方法去宣传购物车，但都没有效果。

直到有一天，他利用了一个正确的心理效应——“羊群效应”，一下子便让购物车从不受欢迎的“婴儿车”，变成了既时尚又实用的伟大创新。所谓“羊群效应”，其实是一个心理学领域所描述的现象，即人天生都有一种从众的心理。在远古时期，世界充满了不确定性和风险，动物们只能选择学习其他动物的成功做法，以提高自己的存活概率。经过数亿年的进化，这种心理已写在了人类基因中。

当时戈德曼的做法是，他花钱聘请了很多年轻时尚的男女模特，假扮购物车的使用者在卖场中走秀，让人们觉得推着购物车是一种时尚的行为，从而去重塑顾客的认知。

在模特的带动下，顾客们不自觉地跟随模仿，慢慢地发现使用购物车的确很方便，并形成了使用购物车的习惯。戈德曼的购物车最终成为一种新潮流。于是，戈德曼生产了足够两年出售的购物车，并将自己设计的购物车注册了专利，以成倍的利润将购物车卖给了美国各地的超市。

显然，“羊群效应”就是一个典型的可以放入工具箱中的工具。你不用研究它的形成原理或心理机制，只需要知道它是一个大概率会发生的现象，以及何时能利用这种现象达成自己的目的。

那么，我们说的这个工具箱，应该以什么样的形式存在呢？一般来说，我们可以把工具箱分成两个部分：

第一个部分，把我们已经知道，或接触过的方法，以一个词或短语的形式记录在一个文档中，例如“羊群效应”，并将这些词或短语按上面的方式进行分类，以方便我们下次需要的时候进行查找。随着时间的推移，以及个人学习、工作经历的积累，这个部分的工具箱所拥有的储量会越来越多，最后甚至会变成一个庞大的兵器库。

不过，无论这个兵器库有多大，它都不可能存储解决所有问题的所有方法。因此工具箱的第二个部分，就是人们尚未接触过，但将来会用得上的方法。这些方法其实已经有人帮我们收集好，存在一个固定的地方，那个地方就是互联网。

遇到问题时，如果在第一个部分的工具箱中无法解决时，我们就可以到第二个部分中查找新工具。

显然，第一个部分的工具箱是需要花时间进行积累的。有人会问，如果从现在开始，有意地去搜寻、积累一些实用的工具，应该从哪些方面着手呢？这的确是一个非常重要的问题，因为我们做事一定要遵守效率原则。如果你决心花时间搜集一些工具，以备不时之需，我建议你把时间集中在第一和第二两个分类上，也就是“个人的能量”和“群体的能量”两个部分。因为这两个部分，归根到底就是人的能量。

这个世界归根到底还是一个由人组成的社会，无论是金钱的能量、资源的能量，还是科技的能量，归根到底还是要通过人来取得。因此，如果要按重要性进行划分的话，工具箱的五个分类中，第一和第二两个类别几乎可以占据90%的重要性与实用性。因此，有人说，当今世界你只要能影响人，就能影响一切。

总结

这一章，我们向大家介绍了工具箱的概念，以及它的五个基本分类，并通过“羊群效应”的案例，为大家直观地展示了一个工具的使用方法。我们还告诉大家，只有用于影响人的工具，才是工具箱中最重要的工具。

法则 23

神经元：大脑所遵从的赫布定律

我们说过，这个世界上无论是金钱、权力、科技，还是资源，最终都掌握在人的手中。你只要知道如何影响人，几乎就能做成世上 99% 的事。因此，在工具箱中，影响个人和影响人群这两个部分占据了 90% 的比重。

如何才能影响人的思维和行为呢？答案是要影响人的大脑。深入了解大脑的工作原理，再加上一些实用的心理工具，就能从思维深处影响别人。虽然道理简单，但背后的原理及工具却涉及神经科学、神经心理学、认知心理学、进化心理学、发展心理学、社会学、社会心理学、行为心理学、神经经济学、行为经济学、神经哲学、传播学、政治学、谈判心理学、沟通心理学、行为设计学等诸多学科。

听到这么多学科，很多读者可能会头疼。为了保证实用性及易用性，本书会将所涉及的各学科知识，汇聚成一个统一的实用学科——应用脑科学。

接下来，我们将带领大家快速理解这门“应用脑科学”，然后带领大家学会使用“应用脑科学”这一工具，进而实现以下三个目的：第一，控制自己；第二，影响他人；第三，影响人群。

怎么快速理解“应用脑科学”呢？

首先，我们要学习一门新的学科，就要先了解这门学科的定义，也就是它的本质。关于如何定义一个事物，我们讲过要利用“属加种差法”。也就是说，要找到这个事物的上级系统，以及它与同类学科间的差异，即找到三个可与之建立连接的元素：位置、环境及差异。

应用脑科学的环境（上级学科）是神经科学，也就是我们俗称的脑科学，与它有关系的学科，我们上边说过了，包括神经学、心理学、行为设计学等。

应用脑科学与神经科学的差异：它以实践应用为目标，去理解脑神经运行机制，并从中选取可以用于实践的工具，而不需要像正统的神经科学那样，需要从生物化学等底层原理理解神经细胞的具体活动。也就是说，应用脑科学只需要神经科学中那些实用的研究成果。

应用脑科学与心理学的差异：它不像心理学那样知其然不知其所以然，它可以透过心理学的实验现象，及其脑神经原理，看清背后的本质，进而将这些成果进行更广泛且更有效果的应用。

应用脑科学与行为设计学、行为经济学的差异与心理学类似，它可以结合这些学科的实验成果，与它们背后的神经原理，更加深刻地理解人类的行为与控制行为的深层原理。

综上所述，用一句话总结“应用脑科学”的差异，就是以实践应用为目标，将人类的思维与行为的基本原理及实用工具，进行有机结合的工具性学科。

现在，大家基本理解了应用脑科学的概念及目标，接下来，我们要做的就是以这门学科的研究对象——大脑为核心，进一步地理解应用脑科学的内容。

要理解大脑，我们需要使用之前的学习方法——连接。我之前给大家介绍过“连接组”：人的意识是由神经元细胞的连接组成的。单个神经元无法代表任何事物，所以它们需要联合在一起，组成一个连接组。这样一个连接组就可以代表一个事物，比如车轮。同理，多个连接组连在一起，还可以组成更高级的连接组，比如汽车。因此，“连接”就是我们人脑存储信息的基本原理。

那么，思考、联想、灵感，甚至做梦，这些大脑特有的活动，背后的原理是否也是“连接”呢？答案是肯定的。

在解释具体原理前，要先介绍一个非常重要的定律——赫布定律，它被认为是神经科学中最重要的一个定律。何谓赫布定律？简单而言，就是“一起放电的神经元连接在一起”和“连在一起的神经元一起放电”。这两句话是什么意思呢？我们举例来说明。

人们最早发现这个现象，源于一个训练狗的实验。在狗的大脑中，有一个控制唾液分泌的连接组，我们可以叫它口水连接。口水连接能够被狗粮的气味激发，令狗分泌唾液。

此外，狗的大脑中还有一个负责辨别铃铛声音的连接组，我们叫它铃铛连接。这个连接能够被铃铛的声音激发。

在训练开始之前，铃铛连接和口水连接，一点关系都没有，即狗粮能激发这个口水连接，让狗流口水，但是铃铛连接不行。

训练开始时，实验人员先通过摇铃铛激发狗的铃铛连接，再给狗喂狗粮。这样在狗的大脑中就会发生两个过程：第一，铃铛让铃铛连接放电；第二，狗粮让口水连接放电，令狗分泌唾液。

接下来，实验人员将这个过程重复几次之后，有趣的现象发生了。随着实验次数的增加，铃铛连接与口水连接产生了直接的连接，也就是说，今后实验人员想要让狗流口水，已经可以不用狗粮了，只需要摇一摇铃铛，狗就会莫名其妙地流出口水。

之所以出现这种结果，就是赫布定律在起作用——“一起放电的神经元连接在一起”和“连在一起的神经元一起放电”。赫布定律是最基本的工作原理，无论是学习、思考、决策还是创新，都可以用得上。

我们在学习时，本质上就是将新接触到的信息和大脑中已经存在的信息进行连接，让它们能够一起放电。只有这样，你下次想要一个知识的时候，才能通过这些连接，让这个知识出现在意识中。

我们在思考时，本质上就是从一组神经元开始，根据大脑中已有的通路，连接到下一组，再下一组……直到我们找到问题的答案。

我们在决策时，本质上就是将几个不同的选择放在一起，分别激活它们相连的连接组，看看哪个选择激活的连接，在你的脑中放电最大、能量最大，你就会以哪个选择作为最终的决策。

我们在创新时，本质上也是以脑中现有的连接为基础，尝试着将原本不相连的神经元连接到一起，看看能否产生能量更大的连接。

总之，赫布定律的伟大，就在于通过简单的两句话，它就将宏观的行为和微观的神经网络，紧密连接到了一起。

那么，我们如何利用赫布定律的原理，实现我们的快速学习呢？答案依然是连接，而且是在更广泛更常见的环境中建立连接。

之所以要在常见环境中建立连接，是因为我们的大脑喜欢常见的环境。这些常见的环境包括食欲、工作、社交、爱好等。总之，这些常见环境，在我们的生活中占据了更多的时间及更多的大脑能量，因此只有跟常见的环境建立了连接，才能更有效地记住一个新信息，并能在我们需要的时候用到这个信息。

以“应用脑科学”为例，我们要尽快将这个学科学好，最好的方法就是将其最重要的概念与生活及工作连接起来。如此，当遇到任何一件事或一个人时，我们就会习惯性地运用应用脑科学，来对其进行分析、理解。坚持这样做，只需不长的时间，你就能轻松成为某一个领域的专业人士。

总结

资源最终由人掌握，工具箱中影响人的工具才是最重要的。因此，在挑选工具时，我们推荐了“应用脑科学”。如何快速学习这门科学，我们介绍了赫布定律，也就是“一起放电的神经元连接在一起”和“连在一起的神经元一起放电”。

○ 法则 24

理性：从长远角度看待利益

如果想从更深层次上影响别人，不仅要清楚赫布定律，还要对大脑的组成部分和对应的功能有一个基本的认识。

从人格与功能的角度看，目前科学界最实用的方式，是将大脑分成四个组成部分：第一，自动脑；第二，感性脑；第三，理性脑；第四，荷尔蒙与神经递质系统。下面我们就来逐一介绍这四个部分的基本功能。

第一，自动脑，是大脑中功能最原始、位置最中心的区域。它掌管着人们的生死，且完全自动运行，是不需要意识参与的部分。我们的呼吸、心跳、血压、脉搏等基本的功能系统，全都由大脑的这个部分下达命令，协同工作。例如，当外界的气温过低时，你的身体就会发抖，为自己产生热量，但你自己并不是有意识地命令肌肉去抖动。由于不需要控制，也无法控制，因此，这个部分并不属于“应用脑科学”所涉及的范围。

第二，感性脑，主要由“边缘系统”组成，负责我们的情绪功能。它处于自动脑之外、理性脑之内，是哺乳动物为了更高效地生存与繁衍，进化出来的功能区域。有了这个区域，哺乳动物才有了更大的欲望和恐惧，有了情感，有了合作。

在控制行为的时候，感性脑需要和自动脑协作。例如，当看到可怕的东西时，感性脑会让你感到恐惧，之后它会把恐惧的信息传递给自动脑，进而你会浑身颤抖，时刻准备逃跑。人脑中负责让人产生恐惧的部分，就是感性脑中一个至关重要的区域——杏仁核。之所以说至关重要，是因为大脑通过感官从外界获得的一切信息，首先都要先进入杏仁核进行分辨。当杏仁核发现这是一个有危险的信号时，它会被立刻激活，让人们产生恐惧，并下意识地产生逃跑的想法。显然，在远古时期，为了生存，大脑要用最多的能量保障自己能最快地识别危险。

在今天这个相对安全的社会，这个机制反而会让我们产生很多的误判，例如当看到盘起的绳子时，有人可能会先感到恐惧，认为是一条蛇。类似这种不必要的恐惧与焦虑，现在已经充满并影响了每个人的生活。然而，如果为了让自己不再感到恐惧，就将杏仁核切除，那么其后果将不堪设想。例如，现实中，有一些人因意外事故导致了杏仁核损伤。他们在过马路时，即使听到耳边响起汽车喇叭声，也不会像普通人那样做出下意识的躲避动作。他们需要等待喇叭信号进入理性脑,并经过理性脑的逻辑判断证实这是一个危险。然而,等到理性脑确定结果时，他们可能已经被汽车撞倒了。

此外，快乐、希望、满足，基本都是由感性脑的杏仁核与伏隔核等区域负责掌管。我们之前说过，哪怕一个最理性的人，他一天 80% 的行为，也是由感性脑控制的，因为它的位置更加靠近中心的自动脑，掌握着大脑中更多的能量。因此，如果想要说服一个人去做一件事，最好的办法是说服他的感性脑。例如，你想说服你的父亲戒烟，通常有两种办法：一种办法是每天不厌其烦地跟他讲道理，包括抽烟的各种坏处和戒烟的各种好处；另一种办法是什么也不说，只需在家中几个特别显眼的地方，挂上几张特别恐怖的吸烟者的肺部照片，让他的杏仁核对吸烟产生焦虑与恐惧。哪一个办法会更有效呢？显然是后者。

第三，理性脑，这一部分主要由“新皮质”组成，是大脑在进化中最晚出现的部分，位置处于整个大脑的最外层，对掌管行为的中心的影响，当然也是最慢的。虽然如此，新皮质却是大脑中最复杂的部分，拥有的连接数量也最多，人类几千年来一直在探索的自我意识，就是由这些复杂的连接相互作用后产生的。此外，理性脑负责人类大脑所有的高级功能，包括认知、记忆、逻辑、推理、联想、决策等功能。

理性脑对人类行为的影响，大多数时候也需要和另外两个脑进行合作，例如当读到一篇感人的文章时，有些人会流下眼泪。这就是理性脑将带有逻辑的文字符号，转化成了感性脑可以感受的情景。这些情景会在感性脑中产生悲伤的情绪，最后，自动脑为了排解这种悲伤的情绪，命令泪腺启动，分泌眼泪并排出体外。这整个过程就是一次典型的三脑合作的过程。

正如之前所说，人一天中只有很少部分的行为是由理性脑决定的。恰恰是因为这个现象，才突出了理性脑是人们赢得竞争的重点。换句话说，一个人之所以是人，而不是其他动物，就是因为有理性，有逻辑，可以做出长远的计划，并按计划行事。因此，一个人要想比其他人强，就要让理性脑尽量控制感性脑，参与更多的决策，影响更多的行为。

例如，当娱乐和工作同时摆在你面前时，感性脑会希望你选择娱乐，理性脑为了未来利益希望你选择工作，你会怎么选择呢？其实，大多数人的成功与失败，往往不取决于他们有多少知识，而是取决于在现实中的关键时刻，理性脑能否战胜感性脑。这样就解释了，为什么一个学富五车的教授，有时某些方面反而会输给一个普通人。

第四，荷尔蒙与神经递质系统。荷尔蒙，也翻译为“激素”，种类相当繁多，包括多巴胺、催产素、肾上腺素、血清素、内啡肽、睾酮素等 40 多种。这些物质在我们的大脑连接中，起着重要的传递信息的作用。同时，由于不同的荷尔蒙会加强或抑制不同区域的连接强度，它们也在很大程度上，影响着我们的情绪与行为。用铃铛和狗粮将铃铛连接与口水连接连在一起，背后的基本原理就是先通过铃铛和狗粮让狗分泌多巴胺，再由多巴胺建立并强化铃铛与口水的这条连接。

再举个催产素的例子，催产素这种荷尔蒙并非只有女人才会分泌，而是一种我们每个人每天都会分泌的荷尔蒙。催产素实际上是一种让我们对熟悉的人甚至动物，产生亲密情感的荷尔蒙。中国人有句俗语“情人眼里出西施”，相信大家也都有过类似的体验，一个人本来长得不太好看，但与他相处久了，你慢慢就会喜欢上他，就会发觉他长得很好看。这一切的背后，其实就是你大脑中的催产素在起作用。催产素能够形成所谓的反馈环，它会让你对熟悉的人产生亲密感。这种亲密感反过来会让你们更加熟悉，进而分泌更多的催产素，最后直到你爱上这个人。

当然，如果你想利用催产素原理追女孩的话，你要记住，促进催产素分泌的熟悉感，并不仅仅是靠相处时间长就能产生的。它还需要一些别的情感共同作用，并让对方先对你产生一点多巴胺，例如你可以通过展示某种能力，让对方佩服你，或给对方提供一种特别靠谱的安全感，又或者通过幽默感让对方觉得跟你在一起特别开心等。

以上就是组成大脑的四个部分，也是影响人们思维和行为的四股力量，而“应用脑科学”需要研究的是除了第一部分以外的其他三个部分。

那么，在这个世界中，有哪些因素可以影响人们的感性脑、理性脑及荷尔蒙系统呢？它们又是如何受到影响的呢？接下来，我就为大家介绍能够影响大脑的四个主要因素。

总结

这一章，我们为大家介绍了人类大脑的四个重要组成部分：自动脑、感性脑、理性脑及荷尔蒙与神经递质系统。

○ 法则 25

基因：先天性影响大脑的因素

我们知道了大脑的基本原理和组成，该如何利用这些原理，进而在生活和工作中去影响自己与他人呢？想要实现这些目的，还需要了解大脑建立连接和使用连接的更多因素。

大脑在成长中，建立连接和使用连接的方式，是由多种因素共同决定的。例如人们时常会问，一个人在某个时刻做了某个行为，原因是什么？直接原因显然是该时刻大脑内的连接组放电。

然而，他的大脑为什么会产生这样的连接，又为什么会在这一时刻触发这些连接呢？这就存在好几种可能：第一，可能是因为他从小成长的环境或某些经验，让他建立了这样的连接；第二，可能是因为这一时刻发生的事，让他产生某种荷尔蒙，这种荷尔蒙刺激了他大脑中的某种连接；第三，可能是进化过程中，某种有利于生存繁衍的连接方式，已经写在了他的基因当中；第四，可能是他后天所学习到的知识、所积累的经验，让他建立了某种因果关系的连接。上述的这四种可能，可以总结为基因、环境、学习和经验。我们日常的行为，常常源自这四种因素的共同作用。

我们先来介绍第一个因素——基因，看看它是如何影响大脑的。

之所以把基因放在第一位，是因为它是最先开始影响我们大脑连接的因素。在母亲十月怀胎的过程中，大脑就开始按照基因这张图纸建立内部的连接网络：杏仁核大一点或小一点，新皮质薄一点或厚一点。这些连接的建立，将会对每个人接下来的人生产生持续的影响。

是什么因素对我们的基因产生了影响呢？或者说，是谁在我们出生前就为我们的大脑画下了这张图纸呢？答案是“进化”。这个存在了数十亿年的设计师，通过一点一点地设计和修改，最终完成了今天的这张图纸。有人可能会问：在这么长的时间中，“进化”这位伟大的设计师在设计图纸时，有没有什么统一的原则？

答案是肯定的。“进化”为大脑设计连接时，的确遵循两个普遍原则：生存和繁衍，或者说是存在与发展。也就是说，“进化”为了让我们的基因能一直存在与发展下去，就必须时刻考虑规避风险、获取能量、追求配偶和繁育后代这四件事。所以说，这四件事，就是人类的本能和天性。

然而，有趣的是，在最近的一百年，“进化”所完成的图纸却越来越漏洞百出，有些甚至是致命的错误。出现这种状况的核心原因在于，自1760年工业革命开始后，人类社会的生存环境出现了一日千里的变化，而“进化”这种以万年为时间单位的设计师，根本不可能跟上人类今天的发展速度。这就催生了一个非常有趣且影响重大的现象，它不但影响了我们每个人的行为方式，更影响着整个人类社会的结构与发展。这种现象被称为“错配”。何谓错配？看下面的例子：

在原始社会，人类一天的大部分时间，都需要花在寻找食物这件事上，因此，那个时候人类最喜欢的食物就是蜜蜂。

你没有听错，不是蜂蜜，而是直接食用蜜蜂。因为蜜蜂携带的蜂蜜是比较纯粹的糖，而糖就是能量。因此，进化为了让我们追求能量，就在大脑中将“糖”和“甜”联系在了一起，而追求甜的感觉，能促进大脑分泌大量的多巴胺。

在过去，这似乎是一个非常完美的机制，但在物质生活极大丰富的今天，它却成了人类最大的杀手。人类每年死于糖分摄入过多所导致的糖尿病、心血管疾病等病症的人数，已经远远超过其他因素致死人数的总和。

再说一个两性关系的例子，动物在繁衍后代的过程中，雄性和雌性各有优势，雄性的优势是速度快，劣势是它无法确定谁是自己的孩子。因此，雄性繁衍基因的策略就是让尽可能多的雌性受孕。

雌性生育一个后代需要很长的时间，也会消耗自己很多的能量，因此雌性繁衍基因的策略就是尽力养育孩子，让它们健康成长。

当原始人类出现后，为了让自己和孩子能够更好地生活，女性的择偶标准就会倾向以下三点：第一，拥有更多的资源，例如部落的首领；第二，年纪稍长，因为一般年纪稍长的男性才有可能成为部落的首领；第三，健康强壮，因为除了资源丰富的年长男性，原始社会中，健康强壮的男性往往也能为女性和孩子争取更多的资源。

反观男性的择偶标准，就简单得多了，那就是身材和美貌，因为这两个条件在原始社会是证明女性生育能力的最好标准。比如腰细的女性代表她还没有过生育，正适合生育自己的后代；臀部丰满的女性，代表盆腔发育好，适合胎儿的发育；长相漂亮的女性，五官匀称，在原始社会则代表健康协调和免疫力出众，至少不易感染皮肤病。

以上就是“进化”对两性择偶标准所造成的影响。在当今社会，这种影响就会产生错配的情况，20 世纪以来，人类的平均寿命从不到 40 岁提高到接近 80 岁，繁衍后代早已不是我们人生的唯一目标，再加上婚姻法和“一夫一妻制”的社会制度，原始社会的择偶标准已经不适合今天社会的发展趋势。

以上的例子，均反映了“进化”为大脑设计的连接模式已不能适应当今社会了。在这里大家可以记住一个基本的思维方式：在社会上跟人交往或在网络中争取流量时，人的很多天性，都是跟原始社会中，人类的生存、繁衍的本能及机制息息相关的。

抓住这个思维方式，你就能看清并预测很多人不理性的行为，而学习本书的其中一个目标，就是要利用好这些错配现象，放大自己的影响力，或避免被错配的天性本能搅乱自己的人生。

总结

这一章，介绍了影响大脑连接模式的是基因、环境、学习和经验四个因素，并为大家简单介绍了基因影响大脑的过程。基因的影响是数十亿年进化的结果，但技术的进步给环境带来了变化，并引起了错配，要求我们适应这一变化。

○ 法则 26

环境：幼年环境影响整个人生

很多人听说过，一个人的智商是先天的基因和后天的环境共同作用的结果。这个说法在科学上成立吗？如果成立，哪种因素影响更大呢？

在行为遗传学上曾经围绕“同卵双胞胎”做过一个实验，因为“同卵双胞胎”的基因是完全相同的，这就代表他们的先天基因是一样的。然后，在他们刚刚出生不久，就被两个不同的家庭领养，这意味着他们的成长环境不同。

等两个孩子长大后，科学家发现：基因因素对人的影响，平均占到 40% 至 50%，但这只是一个平均值，不同的个体差异还是很大的。例如，在环境好的家庭中，基因对智商的影响超过 50%，而在环境不好的家庭中，基因对智商的影响则只有 10%。也就是说，社会经济地位越高的家庭，基因对孩子的影响就越大；相反的情况下，环境对孩子的影响则越大。

研究结果还显示，童年时期的逆境总体来说是负面的，但如果一个人能战胜这个逆境，就有可能获得空前的成功。据统计，有多位国家总统都来自单亲家庭，这远远高于正常比例。

为什么会这样呢？可能是因为他们很小就需要变得成熟、理性起来，也可能是因为缺少家长的管束，反而让他们拥有颠覆和创新的勇气。

不过，另一方面的研究也显示，在上学以后，孩子受同学的影响可能比父母之前的影响更大，他们会在学习及游戏的过程中，锻炼同理心等社交能力，进而让他们学会如何与社会产生连接。这个过程往往会对他们将来的人生起到重要的作用。

毋庸置疑，环境会影响一个人的成长。它又是如何产生影响的呢？人与人的差别又是如何产生的呢？

其实，大部分情况下，在 25 岁以前，人与人之间最大的差距就是年龄本身。我们说过人和动物最大的区别，就是人类拥有发达的额叶皮质，也就是理性脑。除了理性脑，人的大脑在 7 岁以前，就基本完成了发育，只有理性脑，是在 25 岁以前，都会保持快速的发展。这就导致了 25 岁以前的人们，每差三岁，智力水平就会有较大的差别。

相比起 25 岁以后的成年人，不少儿童和青少年更愿意为了眼前的快乐和利益，放弃长远的利益。针对这一现象，美国曾经有一个著名的棉花糖实验：

受试者都是5岁左右的小朋友，实验人员在他们每个人面前摆上一块棉花糖。他们可以选择马上吃掉，也可以选择15分钟后再吃，那时他们可以得到两块棉花糖。

实验中，不同孩子有不同的表现：有的孩子忍不住，直接吃掉了棉花糖；有的孩子则用唱歌、蒙眼睛等方法，转移自己的注意力，抵抗住了诱惑。

大约30年后，当初实验的设计者米歇尔对这些受试的小朋友进行了跟踪调查。结果发现，当年那些能够抵制诱惑的小朋友大都比较成功，他们在各个领域几乎都比直接吃掉棉花糖的小朋友们表现得更优秀。

这个实验用很简单的方法证明了，理性脑的自控力和“延迟满足”的能力对个人成就的影响有多大。这些小朋友之间的差别，则更多来自他们5岁以前的家庭环境和家长对他们所施加的教育。

年幼时期的环境对人的影响非常大，因此心理学家在分析一个人的时候，总是从其童年开始。

读到这里，也许有读者会问：我现在已经超过25岁了，还有什么办法可以改变自己的大脑，提高智力及能力吗？当然可以，因为除了基因和环境外，还有另外两个重要的因素——学习和经验，它们不但会对人们的大脑产生深刻影响，而且任何时期都能产生效果。

最近10年，脑科学领域之所以能如此快速地发展，成为当今学界最热门的前沿科学之一，原因之一就是人类已经通过这方面的研究，发现了一系列可以改变自己、提升自己的方法。接下来，我会为大家介绍一些方法，它们能让你的大脑变得更加强大。

从这一章开始，我们会在每章的最后，提供一些高效实用的工具。当然，这些工具只是工具箱的一部分，大家可以以此为参考，收集整理出更多的工具，以壮大自己的工具箱。下面是在应用脑科学中，几个与基因和环境有关的工具：

工具一：睾酮脸

所谓睾酮脸，就是通过看脸的长相，来判断一个人的先天睾酮素水平，进而了解这个人的性格特征。

首先，作为人体一种非常重要的荷尔蒙，睾酮素对人的性格起着重要的作用。需要指出的是，它会把人原本的性格和行为倾向成倍地放大，而不是很多人认为的只会放大攻击性。

例如，一个人的睾酮素水平高，当他恐惧的时候，会成倍地产生逃跑的意愿；当他遇到机会时，就会倾向于冒险。

只有他愤怒时，睾酮素才会让他的攻击性放大。因此，当知道一个人先天睾酮素的高低时，我们就可以采用相应的策略，充分利用他的特点。例如，让睾酮素高的人去做销售，而不要做财务；与睾酮素高的人打交道，可以多称赞他们，放大他们的自尊，甚至可以说出一些他们本来没有的优点。一般情况下，他们都会接纳你的称赞，同时做出积极的行为。

如何判断一个人的睾酮素水平的高低呢？最简单的方法就是看脸，具体来说就是看人脸的宽高比，这里所说的宽，是两边耳朵的距离，高就是眼睛下面到嘴唇的距离。研究表明，脸的宽高比是衡量一个人睾酮素水平的有效指标。

脸的宽高比与睾酮素水平的相关性，源自出生前的胚胎期，是由同一组基因共同作用导致的，因此具有比较大的普适性。

一般情况下，人脸的宽高比平均在 1.75 ~ 1.8 左右，而那些睾酮素水平高的人则能达到 1.85 ~ 1.95 左右。颧骨更宽的人，睾酮素水平更高。

工具二：默认通路

谈及天性，人们常常会说它会让一个人做些什么，采取什么行为，却往往忽略了天性的另一面：不做什么，不采取行动，这种天性就是“懒”。

懒成为写在基因中的天性，是符合本书的效率法则的。

因为懒就是为了“节省能量”，去做效率更高的事情。一个比较有代表性的例子是，人类因为懒，而发明了历史上几乎所有的科技产品。

然而，如果一个人不去控制“懒”这种天性，最终就有可能被别人所控制，而别人控制你的方法，就叫作“默认通路”。

举个例子，一批考生交通考试合格，去领取驾照时，交管局让他们填一张登记表格，表格中有一个选项是：“若不幸因交通事故失去生命，志愿捐献眼角膜给其他人。”据统计，参与填表的人中，只有12%的人在这个选项上打了钩。

很多人解释说，这表明人们深受传统观念影响，还是不愿在死后把器官转让给别人，哪怕是一个不起眼的眼角膜。然而，事实真的是这样吗？恐怕未必。

其实，我们只需在申请表上修改一个字，即将“志”改成“不”，原句变成“若不幸因交通事故失去生命，不愿捐献眼角膜给其他人”。这样改动，也许将眼角膜的捐献率从12%提高到86%。

为什么改一个字，就能将捐献率提高数倍呢？原因就是人们懒，不是懒得在选项上打钩，而是懒得思考。

研究显示，人们在遇到需要思考的问题时，如果给他们提供了默认选项，他们会懒得思考，直接使用这个默认选项。

这个例子的默认选项就是“捐献眼角膜”，因为不捐就需要在登记表上打钩。现在的互联网公司，甚至开始直接替用户进行思考，例如视频网站推出的自动播放功能，就可以让懒人不用选择任何视频，网站的算法会一个一个自动播放。

总结

这一章，为大家介绍了影响人脑的另一个重要因素：环境。与基因相比，环境对大多数人的影响可能更大。因此，要想彻底了解一个人的内心，就必须了解他的童年。最后又提到如何通过科学的方法，利用学习和经验，提升自己大脑的思维能力。

○ 法则 27

经验：强化适应力的最佳方法

基因、环境能够影响大脑，但这两个因素把握起来并不容易。一个是在人们出生之前就确定了下来，无法进行修改；另一个主要形成于个人成长过程中，而每个人的成长环境也是难以进行自我选择的。

那么，25 岁以上的成年人，应该如何改变自己的大脑，提高自身智力及能力呢？要解决这个问题，就必须科学地利用另外两个影响大脑的因素：学习和经验。

先说学习。有些人可能会说，自己天生不喜欢学习。持这种观点的人，大都根据的是自己在学校时的学习经历，然而这其实是一种误解。真正意义上的学习，绝不仅仅局限于在学校的学习，可以说，每个人几乎无时无刻不在学习。

为什么这么说呢？这是由学习的本质决定的。说起学习的本质，就不得不提到一个关键词：适应。“适应”是在复杂系统中非常重要的一个关键词，而学习的本质其实就是适应。

我们说过，大脑的物质基础是由其内部850亿个神经元所组成的数万亿的连接。在漫长的进化中，人类为了更好地适应环境，就必须根据外部环境的信息，在大脑中产生相应的连接算法及数据。适者生存，就是在比谁的算法更好。

同理，自出生那天起，我们的大脑就为了更好地适应当前的世界，开始了学习的过程，它时时刻刻都在接收外部的信息，通过这些信息，建立新连接或改造旧连接。只是这种学习，有时候是有意的，有时候是无意的。有意学习就是主动适应，无意识的学习就是被动适应。

因此，无论哪种情况，学习的本质都是通过外部的信息，改造内部的算法，进而更好地适应这个世界。

既然学习的过程，就是大脑将新信息与原有信息连接起来的过程，那么从效率原则出发，我们应该如何学习，才能在最短的时间内，让自己变得更强大呢？要回答这个问题，首先要搞明白学习的三个能力：储存能力、读取能力和计算能力。

储存能力，就是你学到的信息，在大脑中产生了多少连接，连接的强度有多高。这个过程就是赫布定律中所说的“一起放电的神经元连接在一起”。

读取能力，就是需要某项信息时，你提取它们到意识中的难易程度。前文说过，意识是在大脑的前额叶皮质中产生的，也就是说，我们仅把信息存进大脑记住还不行，还要在意识需要的时候，把它们及时提取出来。这个过程就是赫布定律中所说的“连在一起的神经元一起放电”。

计算能力，就是人们在思考时，把读取出来的相关信息连接到一起，将它们组成新连接组的能力。在这个过程中，不但需要让“一起放电的神经元连接在一起”，也需要让“连在一起的神经元一起放电”。

不难看出，学习的这三种能力，一层比一层难。与储存能力相比，你在实践需要时能读取出来的信息，只是很小的一部分。同样，在思考时，能够参与计算的信息，是更小的一部分。

之所以会出现这样的情况，就是因为大多数人在学习时，都使用了死记硬背的方法，导致这些信息虽然能被大脑存储起来，但它们的连接方式，既单一又微弱。然而，对于人脑的读取能力和计算能力而言，信息最好拥有既丰富又有强度的连接。

有什么办法能让我们学习到的信息，产生既丰富又有强度的连接呢？其实只要你理解了大脑的工作方式，就会发现这样的办法有很多。

首先，我们要记住，高效学习的法则只有一条：围绕新学的知识，在大脑中建立又强又多的连接。

如何才能建立这些连接呢？这将涉及影响大脑的第四个重要因素——经验。古人说：“读万卷书，不如行万里路。”

情感专家说："读 1000 部爱情小说，不如亲身谈一场恋爱。"学过英语的人都知道，在学校学 10 年英语，不如在英国生活半年。上面这些现象，全都印证了一个道理：经验是最好的学习方式。

这背后的原理是什么呢？大家知道，所有的知识，无论是从书本上读到的，还是从老师那里听到的，一开始都只是一个个孤立的概念，在大脑中能够产生的连接数量是有限的。

然而，经验的效果就不一样了。当在现实的环境中经历一件事时，人们的视觉、听觉、嗅觉都会参与，而且还会消耗大量能量进行主动思考，这些因素将全方位地转化成大脑中的连接。

尤其是在知识的使用过程中，电化学活动会使连接的速度得到加快和增强。现实环境中的经历还会检测出哪些连接会经常使用，进而对其进行强化，这将同时提升信息的存储、提取和计算这三种能力。这就是通过经验进行学习的内在原理。

明白了这些原理，下面就可以为大家介绍几个具体的实践工具：

工具一：问题导向

所谓问题导向，就是在学习任何学科前，首先问自己几个与这门学科相关的问题，并带着寻找这些问题答案的目的进行学习。显然，想回答问题，就必须强迫大脑从记忆中提取已经学过的知识或技能，这种代价会转化为连接的强度。

更重要的是，记忆被提取的时候，还会有额外的附加作用。神经科学指出，在人从大脑里提取信息的过程中，这些信息本身还会被复制一份储存起来。这样就会在神经网络中增加新连接，从而加强了这些信息的提取及使用的能力。

如果你是一名在校的学生，该如何利用这个工具呢？一个简便的做法是“先考试后学习”，即在读书前，你可以先做一套考试题。无论你能答上来多少题都无所谓，因为这样做的目的是让你带着问题去学习。

工具二：制造体验

就像我们上面说的，读1000部爱情小说，不如亲自谈一场恋爱。对于任何知识来说，死记硬背都不如在体验中学习，并在经历中使用。因此，最好的学习方式就是，刻意制造使用场景，在经历中边学习边应用。

以我们正在学习的“应用脑科学”为例，最好的学习方式，就是选几个生活中经常接触的人，利用刚学到的知识，体会他们的情绪，理解他们的思维，解释他们的行为。当然，如果能充分利用我随后讲到的工具，你就能更有效地影响他们，并和他们建立更好的关系。

工具三：改造环境

古人说：“近朱者赤，近墨者黑。”环境可以通过“眼、耳、鼻、舌、身”全方位地对大脑产生影响。因此，如果条件允许，最好能将自己放进一个与所学领域相关的环境中。例如，要学习外语，最好去国外生活几个月，或交几个外国朋友；要学习脑科学，就多和此专业的人打交道，并在社交中有意地使用脑科学的原理和工具。

如果要学习的领域过于专业，学成前没有机会进入专业的环境，也可以将该领域的关键词打印出来，贴在自己家的墙上，或自己生活中经常能看到的地方，让自己的大脑尽量浸泡在充满专业概念的环境中。

工具四：旅游

神经科学家曾做过一个实验，他们先把一胎所生的小白鼠平均分成三组：一组在纯铁笼的环境中生活；一组在有少量外界刺激、相对贫乏的环境中生活；还有一组在光线充足、设备齐全、外界刺激丰富的多元环境中生活。

几个月后，实验结果表明：相比贫乏环境组，在丰富感官刺激的环境中生活的小白鼠，更加机灵好动、反应敏捷。

此外，对不同组小白鼠解剖后发现：在多重感官刺激的环境中生活的小白鼠，大脑的额叶皮质更重且更厚，大脑中的乙酰胆碱也更具活性。需要指出的是，这个乙酰胆碱也是激发人类大脑神经传递的重要物质，它的活性越高，大脑的记忆力和学习能力也就越强。

通过一系列实验还发现，旅行环境中的生活经历有助于提高人们的学习力。显然，在旅途中，人们接受了丰富的感官刺激，结识了各种各样的人，这些都会激发自己的大脑被动适应和主动思考，这些思考会立刻连接到你旅行前所处的环境。实验中，几乎每个受试者，都会在旅行中产生大量的新想法、新思路，从而使学习的进程或需要解决的问题获得巨大的突破。

另外，相关研究还表明，老年人的大脑对旅游的反应也和年轻人一样强烈。故此，有神经科学家提出，旅游是三种最能预防阿尔茨海默病的方法之一。

总结

本章为大家介绍了影响大脑连接的另外两个因素——学习和经验，并指出学习的本质就是适应，而经验是最高效的学习模式。此外，我们还为大家提供了几个高效的学习工具：问题导向、制造体验、改造环境、旅游。

○ 法则 28

自控力：成功者必备因素

知道了基本原理后，我将带领大家进入“应用脑科学”的三大实践领域：控制自己、影响他人和影响群体。先来看控制自己，它包括“如何变强大”和“如何获得幸福”两大主题。

在原始社会，评价一个人是否强大，主要是看他的体格有多强壮；而在现代社会，强大的评价标准则是大脑有多强大。如何让自己的大脑变得强大呢？答案是增强自控力。

有人说，成功是不可复制的，因为每个人的成功都来源于不同的因素。在过去，这句话可能是无可反驳的，但在科技异常发达的今天，这句话就未必准确了。

的确，成功的背后确实有很多种可能，有些人运气好，有些人方法好，有些人能力超凡，但长期的科学研究表明，有一个因素是所有成功者都要具备的，而且即便你运气一般、能力平平，但只要你具备了这个因素，就大概率能成功。这个神奇的因素就是自控力。

这里所说的自控力，绝不是成功学中说的努力，因为大家都知道“做事要努力”这个道理，但现实中却很少有人真正做到了努力，核心原因其实就是缺乏自控的方法。

那么什么是真正的自控力呢？前文说过，人类由前额叶统帅的理性脑，更加重视长远利益及目标，由边缘系统统帅的感性脑，则更加重视当下的享乐。这二者经常为了控制人们的行为而发生冲突，而多数情况获胜的都是重视享乐的感性脑。

什么情况下，理性脑能战胜感性脑呢？在前额叶中，负责自控力的脑区占据了主导地位。

额叶皮质的运行特别消耗能量，因此太多理性选择会让大脑疲劳。例如，我们在复杂的事情上持续很久后，大脑就会本能地寻求一些多巴胺作为奖赏。这时，如果这些多巴胺源自负责情绪的边缘系统层，人们就会对短期诱惑投降；如果这些多巴胺更多源自额叶皮层的刺激，那么人们就能获得自控力，继续从长远打算。

显然，一个人无论有多么好的方法、多么完美的计划，如果他没有自控力，就根本没法将它们变成现实。那么该如何才能提高自己的自控力，在关键的时刻，做出理性的选择呢？神经科学家给出了一些简单易行的工具：

工具一：设计奖励

我们都知道快乐和多巴胺有关，更准确的说法是，多巴胺只是对快乐的期望，是导致我们行动的动力，而非最终的感觉。现实中，多巴胺会让我们对美食、娱乐产生欲望，给我们快乐的承诺，让我们不断去吃、去消费金钱和时间。

因此，要提高自控力，我们需要做的就是利用多巴胺，给自己合理地设计一些不影响目标的奖励。例如，假设你一天除了吃饭、睡觉、通勤以外，还有 12 个小时的时间，那你可以将其中 8 个小时交给理性脑进行工作和学习，另外 4 个小时交给感性脑进行娱乐。然后，再将理性的 8 小时分成 4 份，每份两个小时，并在中间插入 40 分钟的奖励时间。也就是说，你每工作两个小时就能得到 40 分钟的奖励。当 8 小时的工作结束后，你可以得到一个完整的两个小时的奖励时间。

有了这样的安排，哪怕你是在做一件非常枯燥，根本无法与快乐产生连接的工作，多巴胺系统也会始终期待着相关奖励，进而继续支持你的理性行动。

工具二：有氧运动

神经科学家发现，跑步或骑自行车等有氧运动，几分钟就能让人的心情好起来。如果将这些活动坚持几周的时间，还能明显地改善记忆力，并提高前额叶的自控力。此外，只有每天有规律地坚持45分钟的有氧运动，才能最有效地实现上述目标。

对于老年人而言，每周至少4天，每天30分钟左右，这种强度的有氧运动或瑜伽能刺激负责为记忆编码的海马体，有效防止记忆衰退。研究表明，经常进行有氧运动的老人，他们的大脑会晚衰老10年左右。

无论年轻人还是老年人，如果这一锻炼习惯能持续18个月，对他们的自控力、执行力、思考能力和记忆力都有极大的好处。

工具三：深呼吸

当一个人感到压力大、惊慌失措时，专家们往往会建议他深呼吸，通过缓慢、有控制的呼吸让情绪平静下来。

神经科学家研究发现，脑干中有一小组神经元将呼吸与大脑的额叶皮质连接了起来。这组神经元数量不多，只有几百个，但能够显著提高自控力、注意力、情绪调节力。另外，当呼吸规律、缓慢时，任何哺乳动物几乎都会冷静而放松，表现出更加理性的状态。

因此，每当感觉自己的自控力不够用了，特别想打破规律放纵自己时，你只需要及时使用“深呼吸”这一工具，将一分钟的呼吸次数降到4到6次，不出3分钟，你就能找回强大的自控力和好心情。

此外，每天 5 分钟的深呼吸锻炼，也可以长期提高前额叶的自控力。

工具四：冥想

冥想的重点在于，将注意力集中在一个点上或去想象某一种具体事物。

科学家们利用功能性磁共振成像（fMRI）发现，通过持续地全神贯注于某一个事物，并将每次游离的注意力拉回聚焦的特定点上，大脑内会发生重大改变：冥想时，大脑对信息的处理，比平时明显秩序井然。

额叶皮质是冥想过程中卷入最深的脑区，在冥想时，额叶皮质几乎是完全静默的。研究表明，冥想能导致大脑海马体和额叶皮质的灰质数量明显增多。在日常生活中，更多的灰质会带来更多的积极情绪、更持久的平和心态，以及更高的自控力和专注力。

因此，冥想给大脑带来的好处非常多，包括提升注意力、提升创造力、提升记忆力，减少焦虑、减少压力，更具同理心。

此外，衰老会降低脑灰质水平与认知功能水平，而冥想也被证实能减缓这种衰老的进程。

工具五：自我意识

大家都听说过自我意识这个词，却不一定知道自我意识实际上分三个层次：

第一层的自我意识，是能意识到自己的存在，这一层几乎所有的脊椎动物都有，是最初级的意识。

第二层的自我意识，是能意识到自己的身体、活动状态以及与周围环境的关系，一般可以用镜子实验进行甄别。只有少数哺乳动物和鸦科鸟类能够意识到镜子中的形象就是自己，包括人类、海豚、黑猩猩、大象、乌鸦、喜鹊等。

第三层的自我意识，是能意识到自己的思维、情绪等心理活动，并进行反思，也就是能意识到自己的意识。这一层的自我意识基本上只有人类能够做到，而且并非每个人都能做到，有些人一辈子活得浑浑噩噩，只讲究及时行乐，从来不对自己的思维和行为进行反思，就等于放弃了这种人类特有的能力。

一个人想要成长、进步，成为更好的自己，就必须善用第三层的自我意识，不仅要根据社会的评价、态度和自己的行为所反馈的信息，进行自我反思，而且还要根据自我意识调控自己的思维和行为。

经常这么做，不仅能够提升我们的自控力及整体能力，还能永久性地提升我们的智力。神经科学的研究表明，反思自我的习惯，会使大脑的前额叶皮质明显变厚，逻辑能力及专注能力也会得到明显的增强。

工具六：经颅磁刺激

和手术或植入电极相比，经颅磁刺激是一种非侵入性刺激大脑的技术。目前，大量临床实验表明，这种技术可以通过精确刺激某些大脑区域，实现改善或提高各种大脑能力的目的。这些包括自控力、专注力、记忆力、创造力、学习能力等。

总结

这一章开始进入“应用脑科学”的实践部分，实践的第一步，就是控制自己，它包含两个方面：“如何变强大”和“如何获得幸福”。如何变强大，这取决于自己的自控力，而自控力又与理性脑有关。最后为大家介绍了一些提高自控力的工具：设计奖励、有氧运动、深呼吸、冥想、自我意识及经颅磁刺激技术。

○ 法则 29

幸福感：持续分泌多巴胺的艺术

有人会说，一个人变得强大了，自然就会获得幸福。遗憾的是，这个说法在现实中是不成立的。长期的研究表明，那些在现实中很强大的人，例如富豪榜上的富豪们，他们的平均幸福感并没有显著高于普通的中产阶层。

另一方面，强大能带来幸福，在科学上也是不成立的。因为脑科学上对幸福感的定义，基本等同于生活所能给人提供的满足感。我们知道，大脑中的满足感主要源于多巴胺的分泌，但是多巴胺分泌的多少，并不取决于你目前的生活水平，而是取决于你生活的水平提高了多少。换句话说，对于你已经拥有的东西，多巴胺会逐渐感到适应和麻木。只有在获得新东西的那一刻，多巴胺才会继续分泌。因此，幸福的法则就是让大脑能够持续而稳定地分泌多巴胺。

要做到这一点，就要同时照顾好我们的两个自我，也就是感性脑和理性脑。我们说过，感性脑重视眼前的利益，需要当下就能满足的快乐，而理性脑则看重长远利益，它追求的是只有人类才需要的意义感。

一个人如果只注重短期利益，追求当下的快乐，时间长了就会感到空虚，就像毒瘾一样，必须逐渐加大剂量，直到再也感受不到快乐。相反，如果人只知道追求长远利益，长期压抑当下的欲望，他就无法体会到做人的快乐。

因此，幸福的原则其实非常简单，就是平衡好短期利益和长期利益，让感性脑和理性脑都能持续稳定地获得多巴胺。那么具体怎么操作呢？下面就为大家介绍几个持续获得幸福的工具：

工具一：延迟满足

前文说过，多巴胺能使人产生满足感，是大脑对我们从事各种行为所取得成功的奖励。原始人饿着肚子寻找猎物，在通过辛苦劳动得到食物时，他们会收获大量的多巴胺。当解决了工作中的一个难题时，现代人同样会收获多巴胺，就像听到一首美妙的歌曲一样。总之，大脑得到多巴胺越多，人就越快乐。

然而，这是不是就意味着我们得到的东西越多，就能收获越多的多巴胺呢？如果是这样，那亿万富翁的多巴胺会不会是普通人的数万倍呢？要证实这一点，只需要通过非常简单的实验。

科学家们做过这样一个实验，他们给中大奖的受试者两种不同奖励：第一种是一次性获得 5000 万美元的奖金；第二种是每个月给受试者 10 万美元，持续给 50 个月，一共 500 万美元奖金。也就是说，第一种的奖金是第二种的 10 倍，还是一次性获得。

试想一下，得到第一种奖励的人是不是比得到第二种奖励的人更加快乐呢？事实却是正好相反，得到第二种奖励的人要比第一种快乐得多。

原因很简单，比起奖励本身，多巴胺更偏向于大脑对奖励的预期。通过核磁共振扫描可以看到，多巴胺是在人们即将得到奖励时开始大量分泌的。在真正获得奖励的一瞬间达到顶峰，并从此开始迅速回落。

在上面说的实验中，无论是脑部扫描，还是采访受试者本人，得到的结论都是一样，第一种奖励的获得者在知道自己中奖时，开始大量分泌多巴胺，心情极度快乐。然而，当他们得到 5000 万奖金后，随着时间推移，他们开始大量消费，并很快习惯了奢侈的生活，快乐感也越来越少，一直降低到和没中奖时一样。

第二种 500 万奖励的获得者，他们每个月都可以得到 10 万美元，并开始期待下个月的 10 万美元，这种持续的“预期—

奖励—预期—奖励”，让他们的快乐始终保持在较高的水平，一直持续4年多的时间，从而比5000万奖金的获得者快乐得多。

因此，人们获得幸福感的第一个工具就是：延迟满足。也就是说，如果你可以拥有很多，最好不要一次性全部拿到手中，而是要给自己设计一个可以延迟满足的过程，让自己尽量保持在“预期—奖励—预期—奖励”的幸福回路中。

工具二：动作连接

我们说过，荷尔蒙水平会影响人的行为，包括一些习惯性的动作和肢体语言，例如自信的人往往喜欢张开双手、双脚，或双手叉腰。根据赫布定律可知，自信的连接和张开手的连接会在一起放电。

反过来，如果做出张开双手双脚的动作，会不会让我们获得更多的自信心呢？答案是肯定的。神经科学中有一个非常有名的研究，它给我们提供了一个很实用的工具。

当去面试或要进行公开演讲时，人们总是希望自己能自信起来，其实只需要做一个张开双手或双脚的动作，并保持两分钟的时间，我们的荷尔蒙水平就可以提高30%，这会对你之后的表现产生非常好的影响。

相反，有时候我们想要自己变得谦虚一点，也同样可以做两分钟相反的动作，例如紧紧地抱着自己，让自己变得很小，将这个动作维持两分钟，会让我们的睾酮素水平下降，从而变得更加谦虚。

工具三：表情连接

相信很多人都听说过微表情方面的研究，其基本原理是，情绪与表情的连接是根深蒂固、无法控制的。既然一个情绪可以引发一个表情，那么相反，如果我们刻意做出某种表情，也就能引发相应的情绪。

研究表明，当我们做出某种表情时，大脑内由表情带动的运动神经会很快连接到感性脑的情绪。例如，如果将自己的嘴角大幅上扬，刻意做出笑容，这时你的心情就会莫名其妙地高兴起来。当思考一件事时，只需皱起眉头，你就可以实现集中注意力的目的。

甚至当吃饭时，只要你在心中反复对自己说“真是太美味了”，饭菜真会变得更加美味。

工具四：目的意义

我们说过，人类和动物的区别，就是人类拥有目光长远的理性脑。幸福的法则就是要兼顾当下的快乐和长远的利益，这是由大脑内两个矛盾的自我导致的。

和追求及时享乐的感性脑相比，理性脑追求的是一个长期的目标和意义感。这种意义感可以是某种成就，也可以是一种信仰，当然也可以是单纯的物质欲、占有欲。总之，人如果没有一个长远的目标和意义感，前额叶就无法获得稳定的多巴胺。长久下去，人就会感到空虚、无聊、活着没有意思。

相反，一个理性又有意义的目标，可以给人的行为，提供源源不断的动力，无论何时何地，情绪如何，只要你坚定这个目标，微微一笑，多巴胺的开关就会启动，一切烦恼都会烟消云散，生活立刻充满了希望。

工具五：目标分解

长远目标虽然宝贵，但如果实现目标需要的时间太久，一时半会总是实现不了，也难免令多巴胺的分泌受到阻碍。

为了应对这种情况，我们可以将一个过于远大的目标，分解成一个个小的目标。这样一来，在我们接近并实现这些小目标的过程中，不但可以获得持续的幸福感，还能一步步接近远大的人生目标。

怎么将终极目标分解成小目标呢？我们可以将大目标，按逻辑及难度逆向分解成切实可行的小目标。我们也可以分析出实现终极目标所需的各个元素，将完成每个元素设定为一个个小目标。这样就可以把工作当作在玩游戏，每完成一个元素便是通过一个关卡，在获得多巴胺的同时，逐渐走向通关，实现最终目标。

工具六：社交连接

人类作为一种社会动物，大脑皮质除了追求意义感，本身也在追求一种向外延伸的连接——社交连接。

其实，社交连接不仅仅是理性脑渴望的，同时也是感性脑追求的东西。当然，感性脑追求社交连接，主要是因为和很多人交往可以带来眼前的快乐。理性脑追求的是自己从心底真正认可的人。因此，最好的社交生活，不是交很多朋友，然后让他们瓜分自己宝贵的时间，而是要交一两个能在精神上进行深度沟通的朋友，也就是所谓的灵魂伴侣。通过跟灵魂伴侣的社交连接，我们不但能保持长久的幸福感，而且能从这种精神的交流中，找到更好的自己。

总结

本章为大家介绍了让自己强大的第二个因素：幸福。人的大脑包含了两个不同的自我，即感性脑和理性脑，因此想要得到真正的幸福，就必须兼顾这两个脑的渴望，让它们都能获得多巴胺的奖励。根据这两个脑不同的追求，可以推导出幸福的公式：幸福等于长远利益和当下利益的平衡。随后以这个公式为目标，我为大家介绍了几个实用的工具：延迟满足、动作连接、表情连接、目的意义、目标分解和社交连接。

○ 法则 30

影响力：利用他人实现自己的目标

自控力固然重要，但要在现实世界中取得成功，不仅要学会掌控自己，还要学会影响他人。下面，我们就来为大家介绍“应用脑科学”的重点部分：如何用脑科学的原理和工具，感知、影响他人。

前文中（法则 2），我曾讲过，有一个美国小伙撬动了数十亿美元为自己实现梦想的故事。他自己既没有资金也没有资源，唯一能够依赖的，就是一套聪明的做事方法：通过撬动一系列支点，逐级放大自身的能量，最终实现自己的梦想。

他的第一个支点是找到了一个相关领域的记者，将自己大胆的想法告诉记者，并说服他帮助自己找到了第二个支点，也就是当时的美国国家航空航天局局长丹尼尔·戈尔登。然后，他利用美国国家航空航天局局长的权威及公众影响力，撬动了第三个支点，也就是有多个业内权威站台的新闻发布会。

通过发布会，他宣布举办奖金为 1000 万美元的太空大奖赛，看看谁能最先制造出可重复使用的私人太空船。于是，发布会和大奖赛成功帮他撬动了第四个支点，也就是美国的主流媒体。

随后，主流媒体发布的新闻，帮他撬动了第五个支点，也就是美国人的关注和1000万美元的冠名赞助。

最后，大奖赛吸引了大批参赛公司和数十亿美元的资金投入，进而成功催生了可回收的太空船技术，最终不但帮他飞上了太空，还在商业上取得了巨大的成功。

通过回溯这个人不断放大能量的那些支点，我们会发现，在他设计的这一整条能量通路中，难度最大的，其实就是最开始的两个支点，也就是如何说服那位记者和美国国家航空航天局的局长参与自己的计划。这两个支点是他能否从一个做梦的年轻人，变身为硅谷富豪的决定因素。

他最终能成功地说服这两个关键人物，到底是因为幸运，还是因为掌握了一套方法呢？答案是后者，因为这样的方法还真的存在。

是什么方法呢？在我们的生活中，说服别人的方法当然有很多种，但是可以确保说服成功的方法却只有一种：让自己的想法在别人的大脑中生根发芽，具备生命力。换句话说，就是让对方认为，这个想法是他自己想到的。

脑科学研究表明，任何一种刻意说服别人的行为，都会让对方在大脑中自然地产生一种心理防御。这种心理防御会让对方下意识地怀疑，甚至否定你说的每一句话，使你的说服效果大打折扣。尤其是当你的说服对象是一个陌生人，或跟你持有不同观点的人时，这种心理防御将会更加明显。

大家试想一下，有时候，你本来对某个观点并没有特别坚定的态度，但是当有人跟你围绕这个观点进行辩论且想要驳倒你时，这反而会强化你捍卫这个观点的动力，找出各种理由反驳对方。如果这时对方还坚持同样的说服方式，就可能发展成“抬杠”的局面。一旦形成这种情况，对方就不太可能说服你了。

如何深度影响别人的思维呢？“应用脑科学”中有上百种简单有效的实例，可以帮你完成。这些方法其实基于人类社会或人类大脑中的一些固有机制。这些机制就像开关，你只要知道它们的位置，然后准确地按下这些开关，就自然能够产生相应的效果。这种现象在科学界被专家称为“启动效应”。

其实，“启动效应”背后的真正原理，说到底还是赫布定律，核心还是利用赫布定律的连接原理。当我们向别人提到一件事时，自然在其大脑中触发相连的另一件事，而这种连接的触发，就会让对方误以为这个想法是他自己想到的，从而对这个想法产生最深刻的印象。我们先来看一个小故事：

19世纪的法国，有一个非常成功的商人，但他有一个特点，就是特别吝啬，像巴尔扎克笔下的葛朗台一样吝啬。

有一年，商人觉得自己忙碌了一生，实在太累了，决定从此将所有生意都交给儿子打理，自己要去退休养老了。生意交接完毕后，商人带着夫人一同来到巴黎，在这里买了一套大房子，开始享受大城市的生活。

自从搬进这套大房子起，无数慕名而来的家具商便开始排着队登门造访，他们希望将自己手上价格不菲的豪华家具，推销给这位成功的商人。然而，不幸的是，老商人虽然肯花重金买下大房子，却不肯花一分钱置办高档家具。因为他认为，房子是资产，家具却不是。

就在家具商们一起议论老商人的吝啬时，一位年轻人站了出来，他说自己有办法让老商人将房子里所有的破家具，全部换成高档家具，但他需要一张沙发作为前期投资。虽然大多数商人都不相信年轻人的话，但还是有一位大胆的家具商答应与他合作。

第二天下午茶的时间，年轻人到老商人家中登门造访。他跟老商人聊了很多巴黎的民风民俗、奇闻逸事，说自己从小在巴黎长大，看到老商人的这套房子换过三次主人，见证了巴黎上流社会的历史，是很有价值的文物。

老商人听他如此夸赞自己的房子，觉得自己的眼光果然不俗。这时年轻人提出，自己有一套非常漂亮的沙发，气质很适合老商人的这套房子，愿意免费赠送给老商人。

老商人开始不太相信，但是第二天年轻人真派人把沙发搬了过来，老商人的双眼立刻被精致豪华的沙发深深吸引了。

从这天起，老商人没事就爱坐在这张沙发中喝茶。年轻人也总是在下午茶时，带一些巴黎的时尚人士来老商人家中做客。这些客人在老商人家中，虽然也不说什么，但是老商人自己心虚。他觉得客人们的目光在看到沙发时和看他家中的其他家具时完全不一样。

终于，他忍不住向年轻人询问，有没有跟这张沙发相配的茶几和茶具器皿。于是，从这一天起，老商人一发不可收拾。他为了配沙发，买了茶几；为了配茶几，买了地毯；为了配地毯，买了窗帘，直到将家中从上到下、从里到外，都更新成了相得益彰的高档家具。

就这样，年轻人几乎没有说过一句推销的话，却成了巴黎最有名的家具销售员。

在这个故事中，年轻人之所以能完成几乎不可能的销售，是因为他的目标不是推销商品给客户，而是要让客户自己产生购买商品的需求。

大家在生活中可能都有过类似的体验，如果接到推销电话，不论对方推销的商品自己是否需要，都会本能地拒绝。然而，如果是自己围绕某样商品产生的想法，这个想法就会在心中生根发芽，让人着魔般地想得到这个商品。

因此，如果你能让别人围绕某样东西产生想法，就激活了一个需求，这才是销售的最高境界。

在上面这个故事中，年轻人使用的工具叫“鸟笼效应”。所谓“鸟笼效应”，是指一个人打赌要让另一个人养鸟，于是送给那个人一个非常精美的鸟笼。由于鸟笼过于精美，对方为了能在家中向客人展示，最后只能养起了鸟。除了“鸟笼效应”，能做到这种让别人自己产生想法的工具，还有很多。

例如，当股市开盘前，给专业的股票操盘手看一些性感的美女图片，他们就会认为当天的股市会有很多机会，进而做出大量冒险的交易。反之，如果在开盘前给操盘手看一些恐怖的图片，他们就会认为当天的股市存在很大风险，会用很保守的方式操盘，这个工具的名字叫作“本能外化”。

总结

本章告诉大家，要深刻地影响别人、说服别人，最有效的方法就是从深层意识入手——通过一些带有“启动效应”的开关，就能让别人的大脑产生某些想法。“鸟笼效应”和“本能外化”，就是两个具有“启动效应”的实用工具。

○ 法则 31

说服力：让人认可原本对立的想法

相对来说，让别人对全新的信息产生某种想法是容易的。如果相关信息不是全新的，而是对方强烈反对的，这时想彻底反转对方的态度，就非常棘手了。面对这种情况，该怎么办呢？这一章中，我就为大家介绍一下，如何让一个人认可一个原本反对的想法。

在戴口罩这件事情上，东西方传统观念其实存在着差异。西方人的观念认为，戴口罩是为了保护他人，也就是当自己生病时，才需要戴口罩。东方人的观念则认为，戴口罩是保护自己不受病人传染。

因此，西方人会下意识地认为，戴口罩是十分可怕的行为。有些人还会歧视那些戴口罩的人。那么，怎么来说服一个不愿戴口罩的外国朋友改变观念，并践行戴口罩的行为呢？

要想在别人的大脑中自发产生一个想法，第一步就是要卸下对方的心理防御。否则，在思维彻底僵化的情况下，无论你跟他说什么，他都不可能听进去。

在劝说外国友人戴口罩这件事情中，我们不但要卸下对方的心理防御，还必须避免让对方表达自己原本的观点。因为一个人一旦向外界说出了一种观点，例如戴口罩是病人的行为，他就会对自己说过的这句话产生一种捍卫的心理。这种情况下，你就不太可能再来说服他改变自己的观点了。

在守住这条原则的基础上，我们还需要设计一条通路，引导对方的心理能量从抵制戴口罩的观念，流动到支持戴口罩的观念中。这条通路的思路大体分如下几步：第一步，卸下心理防御；第二步，引导对方思考；第三步，指出方向；第四步，反向助推；第五步，心理奖励；第六步，行动确认。

为了将这六步的通路打通，我们可以采用七个工具：示弱求助、隐晦称赞、数据敏感性、视觉冲击、侧面评价、开放诱导和书面承诺。介绍完了思路，下面开始具体实施。本书作者要说服的对象叫埃里克，过程如下：

在公司的餐厅中，我和埃里克共进午餐，并故意表现出有些苦恼的样子。埃里克问道："有什么麻烦事吗？"

我回答道："你怎么知道？"

埃里克说："看你的样子就知道了。"

我叹了口气，说道："什么都瞒不过你。"

在这段简单的对话中，我使用了两个工具，首先通过示弱求助的工具，卸下了埃里克的心理防御，因为人天生会主动同情弱者，帮他们想办法。由于是埃里克主动挑起的话题，其注意力当然会集中在帮我想办法上，自然没有多余的心理能量用来构建心理防御。

通过第二句话，我以称赞他的方式放大了其心理能量。当然，称赞不能太明显、太刻意，要说得中性一些，让对方的大脑自己把它连接到赞扬的方向上。例如，我想表达“你很聪明，你很厉害”，那么我只需要说“什么都瞒不过你”。这样说既不刻意，又让对方觉得他自己很聪明、很厉害。

被含蓄称赞过的埃里克，当然要继续表现，他追问道：“什么事？能说说吗？”

“你看看这个。”我边说，边拿出平板电脑，给埃里克看了一个视频。视频描绘了口罩对病毒起到的隔绝作用，这里面包含了显著的数据对比，还有不戴口罩时人从空气中吸入大量病毒的恐怖画面。

在看到这些画面时，埃里克明显有些不适的感觉。

然后，我说：“从科学的角度讲，戴口罩对个人健康真的很重要。然而，有几个朋友就是不肯戴，他们说戴口罩会被人歧视。他们被传统的观念束缚了自己的认知，我很担心他们。你觉得我该怎么办？”

在上面的这两个回合，我使用了三个工具。首先，给埃里克看了一段视频，这个视频将空气中的病毒用微观慢镜头表现了出来。这种恐怖的画面比理论更具说服力，因为视觉冲击可以直接连接并启动大脑的杏仁核。我们说过，杏仁核在大脑中调动能量的优先级是最高的。其次，该视频还提到了几组悬殊的数据对比。最后，通过侧面评价其他人，我实际上也评价了埃里克之前不戴口罩的行为，进而点明，这种观念是陈规陋习。

接下来，收到求助的埃里克开始陷入思考，从其皱眉的表情中可以看出，他确实在替我想办法。于是，我趁机问道：“你能帮我个忙吗？”

埃里克的满腔热情正在寻找用武之地，立刻回应道：“什么忙？你说。”

我说：“鉴于你在大众心目中的形象，如果你能在社交媒体上转发这个视频，再写一句呼吁大家戴口罩的话，这样我再去劝大家戴口罩时，就有很强的说服力了。”

埃里克立即掏出手机，说道：“没问题，我现在就发。”

上面就是我与埃里克的沟通过程。为了确认埃里克接受了新观念，还必须再在行动上推动他一下。当天的晚些时候，与埃里克一起走出公司时，我从包里拿出两个新口罩，一个自己戴上，另一个交给了埃里克。从来不戴口罩的埃里克这次竟然毫不迟疑地戴上了。

在最后两个回合，我使用了两个工具。

首先，我用一句“鉴于你在大众心目中的形象”实现了开放诱导，因为这句话是很中性的，没有具体指出他在大家心目中是什么形象。然而，正是这种开放性的说法，才能诱导他产生各种各样的联想，比任何一句具体的赞扬效果都好。

原理有两个：第一，最美的滋味是耐人寻味的，因为寻味的过程会延长这句话留在他心中的时间，调动更多心理能量；第二，在开放的情况下，人都会把自己往好的方向想，而且会联想出各种可能，远远超过一句具体的赞扬。

最后一个工具是书面承诺，我让埃里克用自己的社交媒体转发了视频，还写了呼吁戴口罩的话，这相当于让埃里克对戴口罩的态度进行了签字认可。我们知道，人脑天生追求协调感，也就是要追求自己言行的前后一致，尤其是做过书面承诺的言行，他们事后一定会用行动来维护自己的一致性。

就这样，通过这条通路的引导，我成功将一个从来不戴口罩的外国人，转变为戴口罩的支持者及践行者。整个过程看似简单，其实运用了好几个脑科学的原理与工具。大家可以举一反三，将其中的精髓应用到自己的生活实践当中。接下来，我将为大家总结引导别人产生某种想法的关键步骤。

总结

本章通过一个实践过的案例，向大家展示了如何利用“应用脑科学”的原理及工具，改变一个人原本坚持的观念。这个案例中，我所使用的工具包括：示弱求助、隐晦称赞、数据敏感性、视觉冲击、侧面评价、开放诱导和书面承诺。

○ 法则 32

沟通力：如何规避别人的心理防御

有些人也许会问，有没有什么通用的方法或步骤，可以在任何情况下都促使其他人产生各类想法呢？答案是：既没有，也有。

首先，对说服这件事而言，其对象是生活在社会中的人，而人是很复杂的。他们不会机械地、被动地接受我们所传递的信息，因为他们自身具有主观能动性和选择性，有决定对信息是接受还是抵制的能力。

因此，在说服的过程中，只有依据目标对象的特点、人格特征、所处的社会环境等因素，采用适合的方法，将信息融入对方的接受范围内，才能有效地达到说服的目的。否则，不但不能达到说服的目的，反而会使目标对象更加坚持原有的态度。

然而，从另一个角度来说，人的基因总体来说是相似的，因此，在处理一些关键信息时，人脑的结构及连接也会采用一些相似的通路。这些相似的通路提供了一定的客观基础，让我们有机会总结出一些相对通用的理论及方法。本章就为大家介绍一些这类方法，可以据此说服一个人，也就是在一个人的大脑中催生某种想法。

首先，想让人的大脑中显现相关信息，自然就需要调用产生这组信息所需的心理能量。这组信息的差异越大，调用的心理能量也就越多，信息一旦在意识中显现，以后能够产生的能量也会成倍增加。

根据神经科学的研究，新信息在进入意识时，最好能跟大脑中原有的四五个信息产生连接，因为这时大脑是最兴奋的，因此会自发产生最多的心理能量。若想调用心理能量，就要为这些能量找到相应的连接及通路。要实现这个目标，最核心之处则在于找到入口——和对方的深层意识能够产生互动，这存在两个关键步骤：

第一步，绕开对方的心理防御。

前文已经说过，任何刻意说服别人的行为，都会激活对方大脑中的心理防御机制。这会直接切断你们之间的交流通道，从而让你彻底徒劳无功。因此，在沟通的整个过程中，都要时刻注意，不要去触碰那些比较敏感的话题。那么，如何绕开对方的心理防御呢？这里为大家提供几个工具箱：

工具一：首先认可

任何人都希望别人认可自己的观点，因此，一开始最好先别急于表达自己的观点，而应该等待对方说出他的观点。无论其观点是什么，你都要对它表示认可，因为你只有对他的观点表达了真诚的认可，他才会卸下心理防御。在这之后，你就可以顺着对方这个观点的思路，与你想要表达的观点进行连接，将话题引导到自己要传递的信息上来。

工具二：示弱求助

这个工具在前文中已经为大家介绍过了，它的强大效果，相信大家已经有所感受了。

工具三：环境气氛

大量实验表明，在光线比较暗的场所，当会谈双方看不清彼此面部表情时，大脑就会减少戒备感，进而降低心理防御，心理学家将这种现象称为“黑暗效应”。与此相似，还可以在充满食物香味的环境中进行沟通，这样也可以大大降低对方的心理防御机制。

除此之外，还有很多环境气氛适合降低沟通双方的心理防御，其共同特点就是能让人放松下来。大家可以在生活当中注意观察、发现这样的环境。

工具四：结伴效应

结伴效应是指，当两个人或几个人结伴从事一项活动时，例如接受采访、面试、参加聚会等活动，大脑中的社交连接会产生一定的刺激作用，进而降低每个参与者的心理防御。

第二步，提高对方的注意力，让对方主动思考。

我们说过，深度影响别人的最好办法是让他自己想到某想法，而要做到这一点，就需要让对方启动大脑，开始思考。你可以使用一些办法提高对方的注意力，让他在某件事上聚焦心理能量。这里为大家提供了几个相关的工具：

工具一："你"

试想一下，当你和别人吃饭或喝下午茶时，对方突然问："你在想什么呢？"这时，你应该如何回答？

大家一定会说，这个问题都没有给出任何条件与情景，怎么会有统一的答案呢？而这个答案恰恰就有趣在这里，那就是无论什么条件，什么情景，你在想什么，只要你想让对方对你产生好感，更加注意你，你都应该回答："你！"

大家想想，当别人问你想什么的时候，你回答"你"时，对方会有什么反应？首先，在任何人的大脑中，最重视的就是他自己。因此，当他听到一个人在思考与他有关系的事时，一定会浮想联翩，大脑中产生各种各样的假设：他在想我，是想我的好，还是想我的坏，我在他心里是什么地位……这些疑问会充满他的大脑，而且你说得越少，他想得就越多。

因此，如果你只说一个“你”字，对方无非只有两种反应：第一种是追问你在想他什么，这种人属于比较单纯的人。第二种反应则是假装不在乎，不再追问。这种人思维比较复杂，也比较能沉得住气。然而，他不追问，反而说明他对你投入了更多的心理能量。

工具二：留白引导

神经科学的实验表明，在沟通过程中，适当地留一些空白，会取得更好的沟通效果，因为这样会给人留出主动思考的空间，让他自己去想、去说。“留白引导”需要把握好表达的尺度，说话最好能恰到好处——正好可以连接到你想强调的信息的前一步。欲言又止，就容易让对方自己通过大脑的连接想出这个信息。

工具三：门槛效应

美国社会心理学家进行过这样一个实验：实验人员到两个居民区劝说人们，在房前竖一块写有“小心驾驶”的大标语牌。

在第一个居民区，他们直接向人们提出这个要求，结果遭到很多居民的拒绝，接受者的比例仅为13%。

在第二个居民区，实验人员先请求居民在一份赞成安全行驶的请愿书上签字。这是很容易做到的小小要求，几乎所有居民都照办了。几周后，实验者再向这些居民提出竖牌的要求，这次居民接受的比例竟然提高到了55%。

这个心理实验表明，对人们提出一个很简单的要求时，人们很难拒绝，因为怕别人认为自己不通人情。当人们接受了简单的要求后，再提出较高一点的要求，人们为了保持认识上的统一和给外界留下前后一致的印象，心理上就会倾向于接受较高的要求。

工具四：奖励递减

先讲个案例，在一个宿舍楼的后面，停放着一部旧汽车，大院里的孩子们每当晚上7点时，便攀上车厢蹦跳，“嘭嘭”声震耳欲聋。大人们越管，孩子们蹦得越欢，大人们很无奈。

这天，一个人对孩子们说：“小朋友们，今天咱们举行比赛，蹦得最响的小孩奖玩具手枪一支。”小孩们欢呼雀跃，争相蹦跳，最后蹦得最响的小孩果然得到了奖品。

第二天，这个人又来到车前，对孩子们说：“今天继续比赛，奖品是两粒奶糖。”小孩们见奖品直线下跌，都不高兴，无人卖力蹦跳，声音越蹦越小。

第三天，这个人又对孩子们说：“今天的奖品是两粒花生米。”小孩们一听，觉得这不是在耍我们吗？他们纷纷跳下汽车，说道：“不蹦了，不给他蹦了，大家回家看电视了。”

从这个案例中，大家不难看出，奖励递减是门槛效应的反例。当你希望别人做什么时，要使用门槛效应，要求由少到多。当你不希望别人做什么时，要使用奖励递减，奖励由多到少。

工具五：禁果效应

“禁果效应”就是把你希望别人做的或想的事当成禁忌，不让他们做或想。由于好奇心和逆反心理，你越不让他们想或做的事情，他们就会越感兴趣，从而人为地增加这件事的吸引力。

以上就是几个用于启动对方思维及行为的工具，其实类似效果的工具还有很多。之后我们还会为大家介绍，当然也希望大家能发挥自己的能动性，寻找更多的实用工具。

总结

本章告诉大家，要让别人的意识中具有差异的信息，需要通过一定的连接及通路，调用对方的心理能量。调用心理能量，就是要先清理沟通的障碍。要做到这一点，可以执行两个通用的步骤，步骤一：卸下对方的心理防御，具体工具包括首先认可、示弱求助、环境气氛、结伴效应；步骤二：提高对方的注意力，让对方主动思考，工具包括“你”、留白引导、门槛效应、奖励递减、禁果效应。

○ 法则 33

引爆点：快速成为流量中心

我已经向大家介绍了如何影响他人的思维和行为。大家现在应该都明白，人的理性脑是非常聪明且复杂的，因此想通过理性方式影响他人的思维，不仅要付出很大的精力，还要面对极大的不确定性。

不过，人大多数时候其实是受感性脑支配的，因此，要影响一个人，还要确保影响的成功率，最有效的办法就是在对方没有启动心理防御的时候，通过触发感性脑中一些固定的连接，影响对方的行为。

感性脑之所以如此简单通用又能量巨大，是因为它负责思考的事物本身，就是这么简单有效。换句话说，影响他人的关键是控制其情绪，核心是能直接对其杏仁核及多巴胺产生作用。

同理，如果想控制一群人或一类人，该怎么办呢？答案非常简单：依然要影响他们的情绪。换句话说，群体和个人一样，也是由情绪主导行为的，而且群体中的人是互相影响的，这会进一步强化他们的情绪。

为什么呢？原理很容易理解，因为情绪既简单，又有能量，非常易于传播和扩散，它们会随着人数的增加而成倍放大。就像在看喜剧片时，原本不好笑的桥段，因为房间里有些人笑了，就会带动更多人笑，当大家都在笑的时候，你自然也会跟着笑。

前文说过，宇宙的终极法则就是把简单的事物连接起来，组成复杂的事物。人脑的工作原理也是把二进制的神经元连接起来，组成连接组，再把这些表达基本信息的连接组连接起来，组成更加复杂的情绪、思维、意识和记忆。群体心理的工作原理，就是以一个公共的连接点为基础，把每个个体的情绪连接起来，形成并强化一个集体的情绪。

因此，如果找到一个能够连接大多数人情绪的连接点，再用这个连接点将你要传递给群体的观念与群体现有的观念连接起来，就能利用情绪的传染及放大效应。

让群体广泛接受你要传递的观念，只需要两个步骤：第一步，找到一个能够连接多数人情绪的公共连接点；第二步，将这个连接点和你要传递给群体的观念连接起来。在实践中，我们应该如何实施这两个步骤呢？下面还是通过工具箱中的几个工具，为大家梳理一下实践中的用法：

工具一：强者弱势，弱者强势

我们知道，平时在媒体上经常看到，像明星、企业家这样的人，说错一句话，就会招来无穷无尽的指责。因为这些人是现实生活中强势的一方，但在舆论面前就是弱势的一方。

根据“强者弱势，弱者强势”原理，这样的人想要改变这种状态，最好的方法就是将自己与弱势者联系在一起。因为在舆论面前，生活中弱势的一方反而拥有强势地位。这就是总统必须经常抓住时机，在众人面前抚摸小孩儿脸颊的原因。因此，公众人物，尤其是明星，要记住这个原则，千万不要让自己显得强势，时不时还要真诚自然地自嘲一下。

工具二：曝光效应

曝光效应的原理非常简单，就是一个信息重复的次数越多，在你大脑中所产生的连接就越多，也越深刻。

这个原理虽然简单，却是所有工具当中最有效、最可靠的。实验显示，被试者在反复观看了一串他们根本看不懂的文字后，居然会对这串文字产生感情，进而导致任何和这串文字产生连接的事物都会引起他们的好感。例如，我们之前说过的情人眼里出西施，一半也是曝光效应的作用。

生活中经常有人会问，可口可乐品牌已经这么有名了，花这么多钱做广告还有什么用呢？只能说，可口可乐很懂得利用“曝光效应”这个工具。实验表明，当不爱吃香蕉的被试者睡觉时，在他耳边反复播放“香蕉”这个词，第二天让这个人去超市买一种水果，结果这个之前很少吃香蕉的人，却买了一把香蕉回来。

工具三：只反应不回应

在社交媒体上，大家经常能看到这样的现象，某些焦点人物对某个事件发表了一个观点，其评论区里可能产生两种相互对立的声音：一种是支持的，另一种是反对的。

这个时候，如果焦点人物本人站出来，回应那些反对的声音，往往会招来灾难性的后果。因为这个回应会激起反对者更强的逆反情绪，让他们群起而攻之，并将事态进一步恶化，甚至上升为无法挽回的公关危机。

面对这样的事情，应该如何处理呢？最好的办法就是不做任何回应。如果是可以说清楚的事实，手里又有足够的证据，那么就可以只反应而不回应，也就是将证据摆出即可，不对任何人的问题做出回应。

因为群体的情绪想要强化，就必须有一个跟他们交锋的对手，此时如果不做任何回应，群体的情绪就会像打在棉花上的拳头，没有任何可以施力的地方，用不了多久就会归于平淡。

总结

这一章我们为大家介绍了影响群体的关键因素。群体和个体一样，也是感性大于理性的，不一样的是，群体本身还有一种强化作用，人越多的群体，情绪就越强。想要有效地影响群体，只需要做到两步：第一步要找到一个能够连接多数人情绪的公共连接点；第二步将这个连接点和你要传递给群体的观念连接起来。这一章为大家提供的工具包括："强者弱势，弱者强势"、曝光效应、只反应不回应。

○ 法则 34

营销力：激活大脑中多重连接

前文说过，想影响群体，就是要找到一个能够连接多数人情绪的公共连接点，再将这个连接点和你要传递给群体的观念连接起来。这一章，我们就为大家介绍一个影响群体时更加实用的应用：市场营销。

在介绍市场营销的方法之前，首先要确定一下，市场营销都包含哪些工作。

有人会说：市场营销就是将产品推广出去，让更多人愿意花钱购买。当然，不能说这个答案是错的，但是这种说法存在一个致命问题，它把产品和营销分割成了两个不同的领域。这种分割的观念一旦形成，结果就会使产品失去温度。

无论什么产品，最终都是要给人用的。如果想让别人使用你的产品，购买你的产品，第一步，就是要从产品的创意、设计、研发、生产这些前期的环节开始，为产品注入温度，让产品的任何一个功能，任何一个属性都为“人”而存在。

因此，从广义上说，市场营销应该包含与产品相关的所有环节，或者说，我们应该先将产品融入营销，再将营销融入产品。

那么从现实的角度来说，营销和它之前的产品研发等环节，在主导思想上，有没有一个明确的分界线呢？

答案是确实存在一个关键的分界线，它就是人脑的两个不同区域，即感性脑和理性脑。也就是说，营销针对的是用户的感性脑，产品的研发生产等环节则针对他们的理性脑。在这两种不同思想的主导下，产品的研发人员应该从产品功能、用户体验等方面，与用户的生活场景连接起来，为用户创造出较高实用性的产品。营销人员则需要将这种价值与用户的情绪连接起来，让他们产生使用及购买的意愿。

换句话说，产品部门负责创造基础价值，营销部门负责放大这种价值，为产品带来超额的价格和销量。

也许有人会问，营销就是在夸大产品的价值吗？这种说法并不全面，因为当一个全新的产品诞生后，无论它有多么大的内在价值，只要人们的大脑中没有和它产生连接，就不会发现它的价值。因此，此时营销部门首先要做的，还是在人们的大脑中创建新连接，让人们先认识产品的价值，然后才是放大它的价值。

当然，好的营销最终还是要让产品的总收入超过它的总成本，这一点是所有营销人都无法回避的事实。大家可以想想，自己曾经买过多少东西，在购买前觉得很有必要，但真正买回家后，又觉得其实没什么用处，或者不太能用得上？对于这一次次的购买决策，你在当初又是如何做出的呢？这些营销方法背后的原理又是什么呢？

说起营销的深层原理，其实非常简单，那就是赫布定律。我们说过，赫布定律就是大脑中创建连接和使用连接的原理，而营销工作的本质，就是要在人们的大脑中创造三个连接——包装、公共连接点和本能。一旦这三个连接创建完成，营销的工作就结束了，用户就会自发地来使用、购买你的产品。

包装就是尽可能地将一个产品的核心价值，体现在一个品牌和一句口号之中，其原则就是品牌名称要好记，口号要简短而突出重点。

公共连接点就是在你的目标群体中，找到一个公共名词，将你包装好的品牌及口号，与这个名词连接起来。

本能就是渴望和恐惧，任何人的购买需求最终都源于一种渴望或恐惧。例如“怕上火，喝王老吉”，除了品牌名称外，只有四个字，每个字都很突出：“怕”字唤起了大脑内的恐惧连接；“上火”是中国传统文化中，健康的最大敌人之一，是中国人的公共连接点；“喝”字是行动及解决方案，直接向用户传递了一个行动指令。就这样，一句广告语，就将王老吉的核心价值与消除“上火”这种恐惧连接了起来。

通过这个例子，大家不难看出，其实营销是一项很简单的工作。不过，这种简单反而造成了更大的困难，因为你需要做的越少，你能做的也就越少，不可控的风险也就越多。因此，在现实中，拥有一套有效的营销工具就显得越发重要。下面就为大家介绍几个最基础最有效的工具箱：

工具一：场景连接

场景连接就是将人们生活中的一种高频场景与你的产品连接在一起，让人们一处在这样的场景，就想使用你的产品。

例如在王老吉的广告中，就会经常使用吃麻辣火锅这个场景，其目的就是为用户创建“吃辣 = 上火 = 喝王老吉”这个连接。

美国的奇巧巧克力在创业初期，为了打败玛氏，曾绞尽脑汁，最终想到将吃巧克力与一个更加高频的场景连接起来，那就是喝咖啡。

大家知道，美国人每天大都要喝好几杯咖啡，对咖啡的需求远远大于对巧克力的需求。于是，奇巧将自己的口号定为：咖啡休闲伴侣。然后，在广告中反复凸显边喝咖啡边吃奇巧巧克力的情节，最终成功超越了玛氏巧克力。

工具二：文化连接

文化连接就是将一群拥有共同文化的人定位为自己的受众，然后在这个群体的文化中找出一个极具代表性的符号，将它与自己的产品包装连接在一起，甚至将这个符号据为己有。

例如，可口可乐就曾成功地将圣诞老人这个文化符号据为己有。大家可能不知道，1931 年以前，在很多国家，人们心中圣诞老人的衣服，不是红色而是绿色的；圣诞老人的表情也总是一脸严肃的样子。

直到 1931 年，可口可乐公司为了推广自己的产品，彻底把圣诞老人改成了我们现在常见的形象，并在媒体及广告中大肆宣传，这才有了今天大家心目中这位温暖亲切的红色老人。

工具三：本能连接

本能连接不仅是工具，也是营销三部曲中的重要一环，其核心就是要将产品与用户的渴望或恐惧连接起来，要么满足他们一种渴望，要么减少一种恐惧。

20 世纪美国有一个生产保温餐盒的公司，就宣传过这样一句广告语："牛奶里的一只苍蝇等于坟墓里的一个婴儿。"大家想想，作为父母，听到这句话会有怎样的感受。

工具四：感官连接

感官连接，顾名思义就是用人的五种感官连接自己的产品，驱动人们产生购买的渴望。在可口可乐的广告中，就经常使用开瓶时气压释放的声音和喝可乐时喉咙吞咽的声音，以刺激用户的渴望。

星巴克更是感官营销的高手，大家可能不知道，每家星巴克咖啡厅所洋溢的咖啡香气，并非产生于星巴克的咖啡本身，而是源于一组特制配方的化学香料。星巴克为了让这种浓烈的咖啡香飘散在商场中，大多会选择开放的空间作为经营场地。

此外，星巴克的整体装修风格，着力凸显了“棕色为主，墨绿为辅”的色调；还专门设计了一整套星巴克音乐，为客人在嗅觉、味觉、视觉、听觉上，打造了全方位的感官体验。

工具五：社交连接

社交连接在营销中的应用就是利用人的社交本能，将自己的产品打造成一种社交货币，让消费者在购买这种产品的时候，不仅是为了产品的功能，更主要的是为了融入一种文化或炫耀自己的身份。例如豪车、苹果手机等产品，都是拥有社交货币属性的产品。

工具六：连接强化

连接强化就是在完成营销三部曲的工作之后，通过宣传不断重复，进而实现连接的强化。

脑白金的广告就是一种极端的连接强化，也取得了极端的成功。这则广告短小精干，只有两句话，在电视等媒体上，被反复地播放。

在看到这种不断重复的广告时，观众一般都比较反感。然而，当观众转化成消费者，在超市中购物时，一旦需要选择给岳父岳母等老人的礼物时，他们还是会想起脑白金这个产品。

工具七：简化通路

任何需求在转化成结果时，都需要让用户迈过一道心理门槛：麻烦。尤其在商业发达的当今社会，消费者已经被“娇惯”得越来越不耐烦了，任何一个让他们感到麻烦的步骤，都会阻挡很大比例的潜在客户。

因此，将产品的使用流程或购买流程简化到极致，就成了每一个产品经理的基本功课。例如抖音上的视频就采取了“推荐算法 + 自动播放”模式，让用户可以一动不动，零门槛地持续地观看这些视频。

总结

本章为大家介绍了影响群体的一个具体应用：市场营销。其核心就是帮助产品在人们的大脑中创建连接，进而放大该产品在人们心中的价值。这个过程可以概括为三个连接：包装、公共连接点和本能。本章为大家提供的工具包括：场景连接、文化连接、本能连接、感官连接、社交连接、连接强化和简化通路。

○ 法则 35

直觉：将科学的方法论深度内化

相信大家都遇到过这样的人，他们学历很高，知识丰富，聊天时可以高谈阔论，分析问题时能入木三分，但他们的事业却不太理想。其原因何在？

前文说过，人一天中的大部分行为都是由感性脑而不是理性脑决定的，因此在真实的生活中有很多事情并不适合理性的决策方式。原因有很多，例如时间很紧迫、信息不充分、事情太复杂等。

正是由感性脑主导的这些行为，一个一个地累积起来，塑造出了我们在世界中的形象。这个形象在很大程度上决定了我们势能的大小，也决定了我们是否能够成功。因此，成功常常并不取决于理性脑掌握了多少知识，而是取决于感性脑能否快速做出正确的决策，并且长期保持这种正确的模式。

由此可见，感性脑对我们的成功至关重要。那么在时间紧迫、信息不足的情况下，感性脑是依据什么主导行为的呢？

答案就是直觉。这里所说的直觉，并非凭空臆断的直觉，或所谓的第六感，而是将一种正确的行为模式长期内化在感性脑中，并以此促进日常行为的默认连接。

神经科学家曾经跟踪研究过很多专业人士，包括消防员、医生和足球运动员，这些专业人士都需要在短时间内做出决策，并采取行动。例如消防员必须在一分钟内决定采取什么方案应对灾情，医生必须在几秒钟内决定如何处理手术上的突发状况，足球运动员必须在几微秒内决定是突破还是传球。

在接受问卷调查时，所有受访者都表示，他们在做出这些专业决策时，都根据长期实践所培养出的直觉。

这一套直觉系统是如何工作的呢？要回答这个问题，还是要回到神经科学理论之中。我们刚才说，很多人终其一生学了很多知识，却无法获得应有的成功，这是因为人类大脑进行工作时，可以使用的知识量，远远小于人类大脑拥有的知识量。

我们能使用的知识量其实不多，因为人脑的工作记忆空间只有 4 个。通过观测，科学家发现，人的意识及理性思维主要由大脑的前额叶皮质产生，而其中负责工作记忆的空间人人都是一样：每个人都只有 4 个工作空间，不多也不少。

换句话说，无论我们学会了多少知识，在临场解决问题或做出决策的时候，最多只能调用出其中的 4 个知识点。

这会造成一种现象，有些人死记硬背了许多东西，现实中的能力却很一般。因为死记硬背的东西越多，考虑的因素就越多，而这些因素的数量远远超过了他们的工作空间，让他们不知如何是好，反而无法做出正确的决策。

反观另一种情况，当年那些在学校表现平平的人，进入社会后却如鱼得水。这只是因为他们的运气好吗？并不尽然，更主要的原因是，这些人虽然背诵的东西少，但做事能抓住重点，他们能通过实践中的经验，总结出几条做人、做事的基本原则。从科学性和严谨性角度看，这些原则可能不如专家的知识，但总比脑中一团乱麻强得多。

这些人总结出了原则，将这些原则贯彻到底，然后反复实践，最后他们终于一步步地走向了成功。

总结出原则，并长期坚持，直至将其内化在感性脑中，这其实就是培养了自己的直觉系统。

当然，自己总结的原则并不都是正确的，错误的原则会误导人。因此，人们的直觉系统也会有正确与否之分。一个人想要取得成就，就必须将科学、有效的原则方法安装进大脑，并以此为基础，解决一切问题。按照这个角度，可以把现实中的人分成三类：

第一类人不论知识多寡，做事时都无法进行理性决策，这类人几乎无法取得成功。

第二类人有一套自己总结的原则，能做出相对理性的决策，但这套原则并不科学，因此效果有限。这类人的成功，往往需要一定的运气因素。

第三类人有一套既科学又实用的方法论，还能将其融入直觉系统。面对一切问题，还能据此做出最优的决策。除非遭遇重大意外，这类人几乎必然取得很高的成就。

显然，每个人都应该争取成为第三类人。在了解了直觉系统对行为的重要作用后，我将为大家介绍如何建立自己的快速决策模型，进而能持续产生正确的决策和行为。

总结

本章我们告诉大家，在大脑中最能影响人们命运的，其实不是知识，而是直觉。通过总结原则，并长期坚持，直至将其内化在感性脑中，这样就可以培育起高效的直觉系统，从而能够帮助我们走向成功。

○ 法则 36

决策模型：能力提升的高效方法

我们知道，快速决策模型非常重要，这是因为每个人的人生轨迹就是由自己的每一个决策和行为组成的。那么一个完美的快速决策模型应该是什么样的呢？

在回答这个问题之前，首先要明确一个事实：这个世界不存在能适用于每个人的通用快速决策模型。原因很简单，每个人都是不一样的，价值观是不一样的，人生目标是不一样的，性格、爱好更是不一样的。

既然每个人的快速决策模型都是不一样的，那么，每个人都应该根据自己的情况，制定一套属于且适合自己的快速决策模型。

另一方面，虽然每个人有如此多的不同，但毕竟大家生活在同一个社会，属于同一个物种，也拥有极为相似的基因和大脑。因此，从宏观的角度上，在整体框架层面上，还是有一些原则和建议对大家都是有用的。

前文提到过，人一天中的大多数决策和行为都是依据感性和直觉做出的。然而，大家也应该看到，感性并非人们的全部，因为人毕竟还是拥有理性和逻辑的，这也是人类与其他动物最根本的区别。因此，当遇到真正重要的事件或选择时，人们还是会静下心来，仔细思考，使用理性脑做出决策。

由此可见，一个完美的快速决策模型，绝不能只有一个形态，只适用于一种场景。因此，从应用场景的角度出发，我们至少应该拥有三种形态的快速决策模型：感性模型、直觉模型和理性模型。

感性模型

由于人脑的工作空间只有 4 个，所以感性模型也应该由 4 个部分组成。也就是说，在需要采取一个行为或做出一个决策前，就要下意识地考虑 4 个因素：

1. 价值，也就是利益。我们说过，人的利益由长远目标和短期享乐两部分组成，因此在做出一个决策前，应该首先考虑，这个决策是否符合我们的长远目标，或能否带来短期的享乐。

2. 时间。这里的时间，指的是时间分配，也就是一天分配多长时间用于长远目标，多长时间用于短期享乐。为此，你需要先给自己定下一个比例，然后严格按照这个比例执行你的感性决策模型。例如，当朋友邀请你去酒吧聚会时，如果这个活动是在满足你的短期享乐，而你今天已经用完了享乐的时间，你就应该拒绝这次邀请。

3. 效率。效率背后还隐藏着一个概念：机会成本。例如，虽然享乐时间还未用完，但与去酒吧相比，同样时间里，另外一个选择可以给你带来更大的价值。这个价值就是你去参加酒吧聚会的机会成本。因此，如果另外一个选择价值更大，也就意味着效率更高。

4. 风险。在这里我并不是让大家通过感性模型回避那些有风险的选择，相反，在不涉及生命安全的前提下，根据概率原理，任何收益大于风险的选项都是值得考虑的。

关键问题还是，在感性脑主导决策时，人们往往很难正确评估一件事的风险与收益。因此，当感性模型意识到一件事存在风险时，你就应该立刻将快速决策模型切换到更高的级别——直觉模型或理性模型上进行决策。

直觉模型

我们再来看直觉模型应该考虑的因素。对于大多数人来说，直觉模型和感性模型一样，也应该遵守工作空间的限制，考虑4个最高效最实用的因素。根据这两个原则，我们挑选了下面4个关键词：势能、位置、连接和信息。

也就是说，当一件事跨过了感性模型的层面，需要我们用直觉进行判断和决策时，就需要考虑下面4个问题：

1. 这件事能否增加自己的势能，为自己带来长远的收益？
2. 这件事会对自己的位置产生什么影响或改变？
3. 这件事能跟哪些事产生连接？如何来使用这些连接？
4. 判断这件事还需要哪些必要的信息，复杂度如何？

和感性模型同样的道理，如果在第四个问题中，需要分析更多的信息或信息的复杂度较高时，我们就要进一步升级到理性模型中进行决策。

理性模型

使用理性模型分析事物的前提是，我们必须给分析留出充足的时间，但它的好处也是非常明显，即它不受大脑4个工作空间的限制，我们可以拿出纸笔，对事物进行全方位的分析。

那么理性模型到底是什么样的呢？实际上本书之前介绍的理论，都可以作为理性模型的参考。当我们利用这些理论，对一件事进行了完整的分析后，接下来的决策模型，它一共分为 4 个步骤：

1. 确定你的目标，是创造差异，还是进行平衡。

2. 为自己选择一个最好的位置。

3. 找到通过能量创造信息，再用信息撬动更多能量的路径，并使用工具箱，将这条路径彻底打通。

4. 在条件许可的情况下，为系统设计一个增强且发散的反馈环。

除了上述 3 个决策模型，在做决策时，大家还应该引入一个非常重要的观念：超越。超越的观念，分为时间上的超越和空间上的超越两个维度，这两个维度都要求我们在做决策之前，换个角度和立场观察一下自己。

所谓空间上的超越，就是在做决策前，跳出自身所处的位置，从其他人的角度或者从上级系统的角度审视自己的决策。这是因为我们遇到的很多问题，在我们自己所处的系统中也许是个大问题，但如果站在上级系统的角度看，可能根本就不是问题。

所谓时间上的超越，就是让我们站在未来——例如 5 年以后——的自己的立场上，看看那时候的自己，会不会反对你眼下的决策。例如有些人失恋了，或是炒股赔钱了，就会一蹶不振。然而，如果这些人站在5年后的自己的立场上看看现在的自己，就会发现，其实人生中几乎任何挫折，在时间面前都不是问题。

在现实生活中，我们也经常会遇到和未来冲突的选择。例如现在你有一个机会可以成为一名高薪的会计师，这个机会现在看起来不错，但要是放到10年后看，区块链和人工智能技术迟早会让整个会计行业的人失业。

因此，要想持续做出对未来有利的选择，首先要能看清未来的世界会发展成什么样子。

总结

本章为大家介绍了能力提升的最高效方法：建立自己的快速决策模型。常用的模型是感性模型，其因素包括价值、时间、效率、风险。当问题相对复杂时，需要升级到直觉模型中，它涉及4个元素：势能、位置、连接和信息。最后，当我们需要静下心来面对复杂问题时，则要使用理性模型。在使用三层模型进行决策的同时，还应该保有一个超越的观念，也就是通过时间上的超越和空间上的超越，换个角度及立场审视我们当下的决策。

图书在版编目（CIP）数据

元认知 / 吴常著. -- 北京：台海出版社, 2022.3
ISBN 978-7-5168-3188-5

Ⅰ. ①元… Ⅱ. ①吴… Ⅲ. ①元认知
Ⅳ. ①B842.1

中国版本图书馆CIP数据核字(2022)第016776号

元认知

著　　者：吴　常

出 版 人：蔡　旭　　　　责任编辑：俞滟荣

出版发行：台海出版社
地　　址：北京市东城区景山东街20号　　邮政编码：100009
电　　话：010-64041652（发行，邮购）
传　　真：010-84045799（总编室）
网　　址：www.taimeng.org.cn/thcbs/default.htm
E-mail：thcbs@126.com

经　　销：全国各地新华书店
印　　刷：唐山富达印务有限公司
本书如有破损、缺页、装订错误，请与本社联系调换

开　　本：880毫米×1230毫米　　1/32
字　　数：153千字　　印　　张：7.875
版　　次：2022年3月第1版　　印　　次：2022年5月第1次印刷
书　　号：ISBN 978-7-5168-3188-5

定　　价：52.00元

版权所有　　翻印必究